Le LIVRE de POCHE

Jeunesse

LA CITADELLE D'ARGENT

(LES CINQ CONTRE LES ANCIENS, tome 3)

DU MÊME AUTEUR DANS
Le Livre de Poche Jeunesse

Satanée grand-mère !

Le Diable et son valet

Signé F.K. Bower

Série : Les Aventures de David Eliot

L'Île du Crâne
Maudit Graal

Série : Les Frères Diamant

Le Faucon Malté
L'Ennemi public n° 2
Devine qui vient tuer ?

Série : Les Cinq contre les Anciens

Les Portes du Diable
La Nuit du Scorpion
La Citadelle d'Argent
Le Jour du Dragon

ANTHONY HOROWITZ

LA CITADELLE D'ARGENT

(LES CINQ CONTRE LES ANCIENS, tome 3)

Traduit de l'anglais
par Annick Le Goyat

Illustrations :
Jean-Noël Velland

HACHETTE
Jeunesse

L'édition originale de cet ouvrage
a paru en langue anglaise
sous le titre :
THE SILVER CITADEL

1

Loin de Broadway

La limousine noire descendit lentement la ruelle, le moteur tournait si silencieusement qu'elle semblait mue par quelque force mystérieuse. Les vitres de verre fumé étaient totalement opaques, la voiture était si large et la chaussée si étroite, que les roues frôlaient presque les trottoirs. L'un des pneus écrasa une boîte de Coca-Cola vide qui gicla sur le bas-côté. La voiture s'arrêta et deux hommes en descendirent.

« C'est ici, Worm ? questionna le plus âgé.

— Oui, monsieur Banes, c'est ici. »

Le Théâtre de la Comédie se trouvait dans un quartier excentré de Manhattan appelé Greenwich Village, aussi loin des lumières de Broadway[1] que pouvait l'être un théâtre new-yorkais. Quelques pâtés de maisons plus loin, il aurait sombré dans les eaux noires de l'Hudson, sans que personne, d'ailleurs, ne déplore sa disparition. En outre, il ressemblait à tout sauf à un théâtre, et plusieurs lettres de l'enseigne de néon vert étaient tombées. Le doute planait sur la raison sociale de cette bâtisse délabrée. « THE... CO » clignotait sur la façade de midi à minuit. Une odeur de friture flottait tout autour. Des poubelles dégorgeant leur trop-plein montaient la garde devant l'entrée.

C'était un petit bâtiment décrépi, coincé entre un parking et une laverie automatique. Deux piliers blancs délabrés, semblables à des vestiges antiques, encadraient le porche. Une épaisse couche de poussière couvrait les fenêtres. Un éternuement malencontreux aurait suffi à souffler l'immeuble.

L'homme qui répondait au nom de M. Banes s'approcha d'une affiche jaunie par le soleil d'octobre, aux coins décollés.

---

1. Manhattan est l'île délimitée par l'Hudson, East River et Harlem River, formant le berceau et le cœur de New York. Greenwich Village est le quartier bohème de Manhattan, situé à l'extrême sud-ouest, près de la rivière Hudson. Broadway est l'artère la plus célèbre de New York, où se trouvent la plupart des théâtres.

DON WHITE

PRÉSENTE :

LE MONDE DE L'AU-DELÀ

Un voyage dans le domaine de l'étrange
qui franchit les limites de la science.

Télépathie

Hypnotisme

Voyance

Spiritisme

EN VEDETTE :

JEREMY & NICHOLAS HELSEY

Après une tournée triomphale à travers le pays.

« Jeremy et Nicholas Helsey, murmura M. Banes.

— Ce sont eux, monsieur Banes, acquiesça Worm en le rejoignant. Ce sont les deux garçons dont je vous ai parlé.

— Je sais, marmonna M. Banes.

— Oh... oui, bien entendu, monsieur Banes. Ce n'est pas ce que je voulais dire, je...

— Nous allons entrer, Worm.

— Si vous le dites, monsieur Banes... Bien sûr, nous allons entrer. »

À quelque cinq cents mètres de là, devant une rue très animée, une jetée de bois s'avançait dans l'Hudson. Deux garçons se tenaient à l'extrémité, contemplant le coucher de soleil derrière la statue de la

Liberté. Des taches orange et roses striaient le ciel poudré de bleu dans lequel évoluaient des hélicoptères. Sur la gauche se dressait la silhouette monolithique du World Trade Center, le plus haut gratte-ciel de New York[1], qui se découpait sur l'horizon comme une maquette de papier.

Les garçons étaient jumeaux. Tous deux avaient les cheveux châtain clair, avec une frange rebelle retombant sur leurs yeux bruns, des visages minces et de hautes pommettes. Sans leurs vêtements qui les distinguaient (un jean et un parka pour l'un, un pantalon de velours côtelé et un ample blouson rouge pour l'autre), on les aurait confondus.

« Je n'aime pas cette ville, remarqua celui qui portait le blouson rouge.

— Pourquoi ? Nous ne l'avons pas encore visitée, Jeremy », objecta son frère.

Jeremy sortit de sa poche un chewing-gum dont il déplia nerveusement le papier avant de le rouler en boule pour le glisser dans sa bouche.

« New York, grommela-t-il.

— Explique-moi ce qui te déplaît tant, Jeremy.

— Je ne sais pas... Je sens quelque chose... »

Nicholas resta silencieux, s'efforçant de refréner l'inquiétude qui le gagnait. Bien qu'il ne fût son aîné

1. Le World Trade Center, situé à Wall Street, dans le quartier financier de la ville, est un centre d'affaires et de bureaux. Ses deux tours ont été détruites lors de l'attentat du 11 septembre 2001.

que de cinq minutes, Jeremy paraissait parfois plus vieux de cinq ans. Ils venaient d'avoir quatorze ans. Nicholas frissonna. Il sentait un léger froid vague et imperceptible, une sorte de frémissement qui annonçait l'hiver.

« En tout cas, New York ne peut être pire que Boston », soupira-t-il.

Ils voyageaient à travers les États-Unis depuis maintenant six mois : Philadelphie, Atlanta, Boston, et bien d'autres villes dont il avait oublié les noms, allant de théâtres vides en théâtres à moitié vides, d'hôtels miteux en hôtels minables. Les bons soirs, ils arrivaient à attirer une centaine de personnes, mais les bons soirs étaient rares, aussi rares que les salles prêtes à les accueillir. Selon les directeurs de théâtre, les phénomènes paranormaux ne faisaient plus recette.

Les deux frères n'avaient cependant jamais envisagé de mener une carrière dans le spectacle : on les y avait forcés. Comme leur vie était différente, autrefois ! Les yeux fixés sur Jeremy qui mastiquait son chewing-gum d'un air absent, Nicholas se remémora le passé. Avant l'accident, avant Oncle Don.

Leurs parents, des Américains, vivaient en Angleterre, où Jeremy et Nicholas avaient grandi. Leur père dirigeait l'agence londonienne d'une compagnie de voyages, leur mère vendait des tableaux dans une galerie d'art. Ils formaient une famille heureuse et bohème. Les amis défilaient continuellement à la maison, les repas ne respectaient aucun horaire établi, personne n'imposait jamais rien. Six ans après leur arrivée en Angleterre, alors que les jumeaux venaient de fêter leur dixième anniversaire, M. et Mme Helsey s'étaient tués dans un accident de voiture.

Les semaines suivantes s'étaient écoulées dans un véritable cauchemar : les amis venaient proposer leur aide sans – bien entendu – rien pouvoir faire. Des coups de téléphone arrivaient de partout. Des étrangers circulaient dans la maison, ils parlaient à voix basse, en évitant Jeremy et Nicholas comme s'ils avaient la peste. Un seul parent s'était offert de prendre les enfants en charge, moyennant le confortable pécule de la police d'assurance que leurs parents avaient contractée à leur bénéfice. Pour Jeremy et Nicholas, cet homme généreux n'était qu'un nom sur une feuille de papier : Don White, vendeur de voitures d'occasion, Chicago, États-Unis. M. et Mme Helsey ne l'avaient jamais mentionné devant eux et ils ne possédaient même pas une photo de lui.

Don White les avait fait expédier par bateau en Amérique comme de vulgaires bagages égarés, puis il avait investi l'argent de l'assurance dans ses affaires bancales en se soûlant de mauvais whisky. Les jumeaux avaient passé trois ans à Chicago dans un appartement exigu, en fréquentant un collège où les élèves fumaient, buvaient de l'alcool et se bagarraient. La plupart du temps, Oncle Don les ignorait, sauf lorsque le whisky le rendait agressif et brutal. Du moins les choses se passèrent-elles ainsi jusqu'à ce qu'il découvre leur pouvoir.

Jeremy et Nicholas avaient toujours vécu très proches l'un de l'autre, plus que de simples frères, dans cette sorte d'osmose que connaissent beaucoup de jumeaux. Quand Jeremy eut la coqueluche, Nicholas l'imita. Quand Nicholas se brûla la main sur une casserole, une cloque apparut sur la paume de Jeremy. Chacun savait toujours où l'autre se trouvait sans que l'on lui ait dit. Plus étrange, chacun percevait les émotions de l'autre, comme s'ils ne faisaient qu'un.

Avec le temps, leur affinité s'accentua, de jour en jour plus bizarre, plus imprévisible. L'école faillit les renvoyer parce qu'ils avaient remis une copie identique, *avec les mêmes fautes*. Le jour où Nicholas s'était fait attaquer par une bande de voyous, Jeremy avait accouru aussitôt, sans même qu'il ait eu besoin de l'appeler à l'aide. Ils avaient douze ans, à cette époque, lorsqu'ils prirent conscience de leur pouvoir.

« Tu peux m'entendre, Nick, n'est-ce pas ?

— Oui, Jeremy, je peux t'entendre. »

Cet échange s'était fait sans un mot. Ils avaient

uniquement communiqué par la pensée. Don White avait assisté à la scène, derrière le rideau de sa fenêtre, et ses yeux s'étaient plissés.

En ce moment, Nicholas percevait l'humeur de son frère aussi distinctement que s'il l'avait éprouvée lui-même. Et Jeremy était inquiet. Jeremy avait toujours été le plus fort des deux, il avait toujours volé au secours de Nicholas. Par exemple, quand Oncle Don était ivre et méchant, c'était Jeremy qui s'interposait pour protéger son frère. Il était plus robuste, et Nicholas le considérait un peu comme son aîné.

Inévitablement, Jeremy avait donc davantage souffert pendant les quatre années passées auprès de Don White et il était à bout de nerfs. Ses gestes saccadés, impatients, témoignaient de la détresse qui l'étreignait en ce moment même, et Nicholas se demandait s'il aurait la force de le soutenir.

« Il est temps de rentrer, dit Jeremy. Nous devons nous changer pour la représentation.

— J'aimerais ne pas y être obligé », soupira Nicholas en donnant un coup de pied dans un paquet de cigarettes vide.

Jeremy esquissa un sourire.

« Encore quatre ans et nous serons majeurs, Nick, libres de faire ce qui nous plaît.

— *Aurons-nous le courage d'attendre jusque-là ?*

— *Il le faut.* »

Don White observa les deux hommes assis dans son bureau et décida qu'il ne les aimait vraiment pas.

Le plus jeune des deux, un dénommé Worm, approchait la trentaine. Il portait un pantalon de cuir noir et un tee-shirt tendu sur son torse musclé. Chose étrange, ses muscles semblaient gonflés aux mauvais endroits, comme s'il avait suivi un entraînement parfaitement inepte. Sinon, comment aurait-il hérité de biceps dans la nuque ? Ses cheveux blonds tombaient en longues mèches graisseuses et son visage ressemblait à un sac de papier qui vient d'éclater.

M. Banes était plus âgé que son étrange acolyte. Grand, mince, totalement chauve, il portait des lunettes rondes à monture d'acier. Sa peau avait la couleur du granit, sa lèvre supérieure s'ornait d'une mince moustache teintée par la nicotine, et il portait le plus énorme appareil acoustique que Don White ait jamais vu, relié à son oreille gauche par un fil épais qui menaçait de lui déchirer le lobe. La molette de réglage du volume sonore avait la taille d'un bouton de manteau. En dépit de la température, M. Banes portait un costume trois-pièces sombre et démodé. Bien qu'il eût à peine quarante ans, il semblait mort et enterré depuis belle lurette... et ne valait pas mieux.

Non, décidément, Don White ne les aimait ni l'un

ni l'autre mais, puisqu'ils allaient lui donner de l'argent, il était prêt à les supporter.

« Les gosses avaient environ onze ans quand j'ai compris leur particularité... leur pouvoir, je veux dire. Ils m'ont toujours donné la chair de poule avec leur façon de s'accrocher l'un à l'autre. Si j'en frappais un, l'autre semblait encaisser les coups en même temps. Quand mes affaires ont périclité, j'ai d'abord songé à me débarrasser d'eux, puis une idée m'est venue, expliqua Don White en mâchonnant son cigare entre ses dents jaunies. J'ai pensé les faire monter sur une scène. Vous comprenez... je les avais recueillis. Sans moi, ils auraient échoué dans un orphelinat. Le vieil Oncle Don leur a offert un toit. »

Don White fit rouler son cigare d'un coin à l'autre de ses lèvres, en attendant que ses visiteurs prennent la parole. C'était un homme robuste et de petite taille. À une époque de sa vie, il s'était distingué comme catcheur professionnel, jusqu'à ce qu'on le disqualifie pour avoir sauvagement mordu l'oreille de son adversaire. Il devinait que ces deux visiteurs cherchaient à l'intimider, ce que personne n'avait encore réussi. Il leur adressa un sourire de défi à travers un nuage de fumée.

« Dix mille dollars, annonça M. Banes qui parlait pour la première fois.

— Dix mille chacun, précisa Don White.

— Non, pour les deux.

— Pas si vite ! protesta Don White en secouant son cigare dont la cendre s'écrasa sur le tapis. J'ignore ce que vous voulez faire des gosses, c'est votre affaire, mais ils valent plus de cinq mille dollars chacun. Nom d'un chien, ils font de la transmission de pensée, n'oubliez pas !

— C'est ce que vous prétendez, monsieur White.

— Vous me croirez une fois que vous les aurez vus opérer, parole ! La confiance a-t-elle donc disparu, en ce bas monde ? D'accord, j'admets que le reste du spectacle est truqué, mais je ne pouvais pas présenter un seul numéro ! J'ai dû engager une poignée d'imposteurs et de ringards pour compléter la représentation. Je sais que mon hypnotiseur ne pourrait même pas hypnotiser une salade, que mon voyant n'est pas capable de se rappeler le passé, donc encore moins de voir l'avenir, mais ils ne sont que la vitrine. Les jumeaux, eux, ont de véritables dons extra-sensoriels, je vous assure. Ils lisent aussi facilement dans leurs pensées que vous dans un livre. C'est de la dynamite, ces gamins !

— Dans ce cas, pourquoi êtes-vous si pressé de vous en débarrasser ? observa M. Banes.

— Parce que j'ai besoin d'argent. Regardez ce taudis ! Personne ne paie plus pour assister à ce genre de phénomènes, de nos jours. On n'y croit plus. Souvenez-vous du type qui tordait les petites cuillers à distance. Son nom a fait la une des journaux une fois, puis tout le monde l'a oublié. Voilà pourquoi j'ai amené les jumeaux à New York. Quelqu'un de Boston m'avait assuré que j'y trouverais des gens très intéressés par les enfants dotés de pouvoirs exceptionnels. J'ignore vos raisons et je ne veux pas les connaître. Mes jumeaux sont vraiment extraordinaires, monsieur Banes, et vous allez le constater par vous-même.

— Qu'en penses-tu, Worm ? questionna M. Banes en se tournant vers son associé.

— Je suis d'accord avec vous, monsieur Banes.

— Comme toujours, Worm, rétorqua M. Banes en réglant le volume sonore de son sonotone d'un doigt décharné. Très bien, monsieur White. Nous allons assister à la représentation de ce soir et, si la prestation de vos deux protégés me satisfait, je les emmène avec moi tout de suite après. Vous recevrez quinze mille dollars pour les deux. C'est ma dernière offre. Vous pourrez empocher votre argent et quitter New York. En revanche, si vous m'avez fait perdre mon temps, c'est vous qui paierez », conclut-il avec un sourire froid.

2

Le mur

Ce soir-là, la caissière vendit soixante-deux billets, mais il y eut soixante-quatre spectateurs.

M. Banes et son compagnon étaient assis dans le fond de la salle. Ils étaient entrés seuls ; pourtant, à l'extérieur du théâtre, un troisième homme fumait une cigarette, adossé à la portière d'une camionnette blanche, un quatrième était assis au volant, et deux autres en faction devant le porche. L'un d'eux portait un récepteur-radio à la main, prêt à recevoir un signal.

Il était vingt et une heures. Sur la scène, l'hypnotiseur terminait son numéro. C'était un vieil homme aux cheveux blancs clairsemés, avec des yeux globuleux. Il tenait une épingle entre les doigts, devant un spectateur volontaire assis sur une chaise.

« Vous êtes complètement sous mon pouvoir, disait l'hypnotiseur. Vous ne sentez plus votre jambe gauche... Vous ne sentez plus rien du tout. »

Il se pencha pour piquer la cuisse de son patient... qui poussa un cri. Toute l'assistance éclata de rire, à l'exception de M. Banes qui esquissa un geste irrité.

L'hypnotiseur s'éclipsa après un rapide salut tandis que sa victime rejoignait sa place en se massant la jambe. Don White apparut alors sur la scène, vêtu d'une veste lamée or rongée par les mites, un micro à la main.

« Vous venez d'applaudir le Grand Grandini ! lança-t-il avec un sourire contraint. Et maintenant, mesdames et messieurs, voici le clou de la soirée, l'apothéose de notre voyage dans l'inconnu !... Ils ont fasciné les foules tout au long de leur tournée dans dix-sept villes d'Amérique. Aujourd'hui, ils sont à New York, pour la première... et peut-être la dernière fois. Mesdames et messieurs, j'ai le plaisir et la joie de vous présenter les jumeaux télépathes... Jeremy et Nicholas Helsey ! »

Quelques rares applaudissements ponctuèrent son annonce. M. Banes et Worm se redressèrent, l'œil attentif. Le rideau se leva sur Jeremy et Nicholas. Ils avaient troqué leurs vêtements contre des pantalons et des chemises noirs. Jeremy tenait à la main un livre de citations ; Nicholas, un foulard et un sac de coton noirs. Une chaise en bois trônait sur la scène.

« Bonsoir, commença Jeremy en s'avançant. Je m'appelle Jeremy Helsey. Mon frère et moi allons effectuer devant vous un exercice de transmission de pensée. Tout d'abord, laissez-moi vous assurer que nous n'utilisons aucun trucage, poursuivit-il d'une voix monocorde. Ce que vous allez voir est réel. Que quelques spectateurs veuillent bien examiner le bandeau et le sac pour se convaincre qu'il est impossible de voir au travers. »

Pendant que Jeremy parlait, Nicholas faisait passer les deux objets parmi les premiers rangs de spectateurs. Ils avaient déjà produit un certain effet sur le public, en montrant à quel point ils détestaient faire ce qu'ils faisaient.

Nicholas recula sur la scène, tandis que Jeremy s'arrêtait près d'un homme entre deux âges, accompagné de sa femme.

« Excusez-moi, monsieur. Nous nous sommes déjà rencontrés ?

— Eh bien... non, marmonna le spectateur.

— Très bien. Voulez-vous prendre ce livre de citations, s'il vous plaît ? Vous remarquerez qu'il contient quatre cents pages. Ouvrez-le au hasard, choisissez une citation, et montrez-la-moi. »

L'homme ouvrit le livre puis désigna une citation à Jeremy qui la lut en se concentrant sur chacun des mots. Il avait maintes fois exécuté cette opération, mais il n'arrivait toujours pas à expliquer le phénomène. Tout se passait comme s'il mémorisait les mots en les canalisant vers un compartiment secret de son esprit, d'où il les *transmettait* en les oubliant aussitôt. En ce moment même, il sentait la phrase sortir de lui.

« Nicholas ? Peux-tu répéter ce que je viens de lire ?

— C'est un extrait de *Macbeth*, de Shakespeare, répondit Nicholas. “Les choses heureuses du jour commencent à se faner et s'endormir, tandis que les agents noirs de la nuit fondent sur leurs proies.”

— Est-ce exact ? demanda Jeremy au spectateur.

— Oui... c'est la citation exacte », bredouilla l'homme.

Pour la première fois de la soirée, des applaudissements éclatèrent et le public se mit à examiner plus attentivement les deux garçons. Bien sûr, il y avait un truc. Il devait forcément y en avoir un ! Mais lequel ?

Dans les coulisses, Don White esquissa un sourire satisfait. Il rêvait déjà à ses quinze mille dollars. Au dernier rang de la salle, M. Banes souriait, lui aussi.

« Ils l'ont, murmura-t-il. Ils détiennent ce fichu pouvoir. Envoie le signal aux autres, Worm. »

Worm tira l'émetteur de sa poche pour l'approcher de ses lèvres.

« Amber ? » souffla-t-il.

À l'extérieur du théâtre, l'homme au récepteur capta son message. Il écrasa sa cigarette d'un coup de talon :

« Nous entrons », dit-il.

Pendant ce temps, Jeremy avait rejoint Nicholas sur la scène.

« Le foulard et le sac de toile ont été vérifiés. Mon frère va me bander les yeux de manière que je ne puisse rien distinguer. »

Nicholas lui noua soigneusement le foulard derrière la nuque avant de lui recouvrir entièrement la tête avec le sac. Déjà tout habillé de noir, Jeremy ressemblait maintenant à un condamné prêt pour la potence. Son frère le guida vers la chaise où il s'assit, le dos au public. À présent, c'était à Nicholas de jouer.

« J'ai ici un paquet de cartes, annonça-t-il en descendant dans la salle pour s'arrêter devant un spectateur. Voulez-vous en choisir une et me la montrer ? »

L'homme tira une carte sur laquelle Nicholas se concentra un bref instant.

« Reine de pique ! » proclama Jeremy d'une voix étouffée par le masque.

Le spectateur brandit la reine de pique, déclenchant aussitôt un nouveau tonnerre d'applaudissements. Nicholas empocha son jeu de cartes et parcourut à nouveau les rangs avant de s'arrêter devant une jeune femme.

« Voudriez-vous me confier un objet personnel, madame ? »

La jeune femme ouvrit son sac et lui glissa un objet dans la main.

« Il s'agit d'une clef ! » annonça Jeremy de sa place.

Nicholas montra la clef avant de la rendre à sa propriétaire, puis avança jusqu'au dernier rang des spectateurs.

« Pour la troisième expérience, j'ai besoin d'une carte de visite, ou bien d'un permis de conduire, n'importe quel document portant un nom et une adresse. Avez-vous cela sur vous, monsieur ? »

Habituellement, Nicholas ne prêtait aucune attention aux gens qu'il questionnait. Il se contentait de les utiliser pour ses démonstrations et les oubliait aussitôt. Or, cette fois-ci, il ne put s'empêcher de remarquer l'homme auquel il s'était adressé, avec ses horribles muscles difformes sous son tee-shirt, et ses cheveux jaunes et graisseux. À son approche, l'homme avait ébauché un mouvement de recul. Maintenant il se tournait vers son voisin. L'homme portait un énorme sonotone et hocha la tête en signe d'approbation.

L'athlète aux cheveux jaunes ouvrit son portefeuille et sortit un laissez-passer plastifié. À côté de la mauvaise photo agrafée sur le coin gauche, Nicholas lut : *Albert Worm – La Citadelle – New York.* Aucune indication de profession, aucune adresse. Ses doigts effleurèrent ceux de l'homme, et un frisson le parcourut. Il avait eu l'impression de toucher un cadavre.

Sur la scène, Jeremy frissonna, lui aussi, et sa main s'engourdit. Il se concentra pour tenter de capter le nom que son frère lui transmettait mentalement sans parvenir à fixer sa pensée. L'engourdissement de sa main gagna son bras, son épaule, et lui paralysa la nuque.

Soudain, l'obscurité s'épaissit. Il lui sembla qu'un masque opaque se plaquait contre son visage, menaçant de l'étouffer. Il voulut crier, mais il suffoquait. Les ténèbres l'emprisonnaient. La panique le saisit.

« Jeremy... »

La voix que son esprit venait de percevoir n'était pas celle de son frère. C'était une voix dure, cruelle, curieusement asexuée. Puis il eut l'impression qu'une porte s'entrouvrait à l'extrémité du long couloir de sa conscience et qu'il se mettait à courir vers elle, frénétiquement, ses pieds touchant à peine le sol. Malgré lui, Jeremy fixait cette lumière. Il vit l'extérieur du théâtre, une camionnette blanche qui stationnait dans la rue, la porte arrière ouverte, et des hommes armés qui se précipitaient dans la salle.

Puis la scène changea. Il vit Nicholas perché sur un mur, les mains tendues vers le bas, le visage creusé de désespoir, les yeux agrandis par la peur, un filet de sang coulant sur son front. Il entendit aussi des bruits de pas dans son dos, sans qu'il pût se retourner. Nicholas criait mais aucun son ne sortait de sa bouche. Jeremy se vit en train de sauter vers la main tendue de son frère. En vain. Les pas se rapprochaient. Il fit un ultime effort pour sauter, mais ne saisit que du vent.

« Jeremy... »

La voix moqueuse et cruelle lui parvint à nouveau, tandis que d'épais nuages venaient obscurcir sa vision, avant de se dissiper à nouveau. Cette fois, il vit un visage dont les contours se précisèrent peu à peu. Deux yeux le fixaient. Qui était-ce ? Le visage se tordit, puis se stabilisa. Maintenant, Jeremy le voyait distinctement...

Il poussa un cri.

Dans la salle, Nicholas fit volte-face. Un murmure d'excitation parcourut le public. Tout le monde attendait que Jeremy annonce le nom inscrit sur la carte. Mais Jeremy s'était levé en bousculant sa chaise et titubait au milieu de la scène comme un homme ivre, en essayant vainement d'arracher le masque de son visage. Nicholas lâcha la carte et se précipita à son secours. Il le libéra du sac et du foulard, pourtant Jeremy ne semblait pas le voir. Il avait le visage couvert de sueur et le regard perdu dans le vide.

« Jeremy ! cria Nicholas en le secouant par les épaules. Jeremy ! »

Jeremy gémit doucement, incapable de prononcer un mot.

« Jeremy, que se passe-t-il ?

— Nick... aide-moi... »

Oubliant le public, Nicholas enlaça son frère et le guida vers les coulisses. Au fond de la salle, M. Banes s'empara de l'émetteur de Worm pour lancer des ordres d'une voix saccadée.

« Phase verte. Vous m'entendez ? Phase verte ! »

Dehors, les hommes encerclèrent le théâtre, tandis que le chauffeur mettait le moteur de la camionnette en route.

« Mesdames et messieurs, inutile de vous alarmer ! annonça Don White en reprenant son micro. Les jumeaux sont tout simplement un peu fatigués... »

Portant à moitié Jeremy, Nicholas le fit entrer dans le petit débarras qui leur servait de loge. Leurs vêtements pendaient à une patère, contre le mur, en face d'un miroir cerclé d'ampoules pour la plupart grillées.

Jeremy s'assit lourdement sur une chaise. Son

visage avait repris des couleurs mais il continuait de respirer difficilement.

« Raconte-moi, Jeremy, le pressa Nicholas. Que s'est-il produit ?

— Je ne sais pas. Écoute, Nick, nous devons absolument nous enfuir d'ici au plus vite.

— Pour aller où ? Et pourquoi ?

— Je ne sais pas ! s'emporta Jeremy... Oh, excuse-moi, Nick. Je suis désolé. Nous devons partir car nous sommes en danger. Il y a des gens...

— Quels gens ? le coupa Nicholas en se rappelant brusquement l'homme dont il avait effleuré la main.

— Je ne sais pas, répéta Jeremy pour la troisième fois. J'ignore pourquoi, mais nous devons fuir ce théâtre. Quelque chose de mauvais rôde autour de nous... dans New York. Partons, Nick.

— D'accord. Mais où irons-nous ?

— Peu importe. L'essentiel est de fuir.

— Changeons de vêtements.

— Non, nous n'avons pas le temps. »

Nicholas décrocha quand même son parka de la patère et l'enfila précipitamment. Il était bouleversé. Tout s'était passé si vite ! Mais que s'était-il passé, au juste ?

Jeremy se retourna vers lui, au moment d'ouvrir la porte.

« Écoute, Nick. J'ignore quoi, mais je sens qu'il

va arriver quelque chose. Cela paraît peut-être idiot, pourtant souviens-toi que, quoi qu'il arrive... je suis ton frère, Nick, et je le resterai toujours », ajouta-t-il en ouvrant la porte.

Dans le couloir, tout était calme. Don White avait rappelé la voyante sur scène pour un bis impromptu. Nicholas entendait la voix chevrotante de celle-ci prononcer ses curieuses incantations pour entrer en contact avec l'esprit de la grand-mère défunte d'un spectateur.

La voie étant libre, ils avancèrent dans le corridor. Les lumières crues des projecteurs de la scène projetaient leurs ombres devant eux. À peine avaient-ils franchi quelques mètres que des pas résonnèrent dans les coulisses. Il était trop tard pour rebrousser chemin. Jeremy ouvrit la porte la plus proche en entraînant Nicholas.

Le Grand Grandini eut l'air surpris. Il était assis dans sa loge en désordre, une bouteille de vin bon marché à la main. Les garçons le connaissaient à peine. Ils discutaient rarement avec les autres « artistes ». Jeremy mit un doigt sur ses lèvres pour lui recommander le silence, tout en jetant un coup d'œil dans la loge à la recherche d'une cachette. Un paravent masquait un coin de la pièce. Il fit signe à Nicholas et se glissa derrière. À peine étaient-ils dissimulés que la porte s'ouvrit violemment.

« Excusez-moi, lança une voix froide mais polie.

Nous cherchons les deux frères Helsey. Vous les avez vus ? »

Il y eut un long silence. Nicholas frissonna. L'hypnotiseur ne leur devait aucune faveur. Allait-il les dénoncer ?

« Non, je ne les ai pas vus, répondit-il calmement. Avez-vous vérifié dans leur loge ?

— Où se trouve-t-elle ?

— La quatrième porte sur la droite. Et... la prochaine fois, frappez avant d'entrer ! »

La porte se referma en claquant.

« Merci, monsieur Grandini, sourit Nicholas.

— Vous avez des ennuis, jeunes gens ? questionna le vieil homme d'un air inquiet.

— Oui, avoua Jeremy.

— Qu'avez-vous fait ?

— Rien de mal, monsieur.

— Eh bien... soyez prudents. Ces gens-là ont l'air sacrément mauvais.

— Merci de votre aide, répéta Nicholas en ouvrant la porte avec précaution.

— Bonne chance, mes enfants ! » les salua Grandini en levant sa bouteille de vin.

La voie était libre. À pas de loup, les jumeaux progressèrent vers l'issue de secours. Nicholas avait l'impression de vivre un cauchemar. Plus il avançait, plus la porte semblait s'éloigner. Tout à coup, une voix tonna derrière eux. Ils s'élancèrent. Jeremy fut le premier à sortir dans l'air frais du soir. Dans le couloir, Worm branchait son émetteur.

« Ils filent par la porte de derrière. Arrêtez-les ! »

L'issue de secours du Théâtre de la Comédie débouchait sur une ruelle étroite qui courait entre le mur décrépi de la bâtisse et une palissade rouillée. À gauche, le passage conduisait à la rue. Trois hommes s'y engageaient, marchant lentement sur eux. Nicholas n'en crut pas ses yeux : leurs poursuivants étaient armés !

Il n'y avait pas une minute à perdre. Les jumeaux s'enfuirent dans la direction opposée mais la ruelle se terminait brutalement par un mur de briques de trois mètres de haut environ, qui prolongeait l'angle du théâtre. Ils étaient pris au piège.

« Vite, Nick ! » cria Jeremy en croisant ses mains pour lui faire la courte échelle.

Nicholas se hissa le long du mur. Sa tête heurta une brique branlante mais il parvint à s'agripper au rebord du mur et à l'enjamber. Une fois assis à califourchon, il se retourna pour aider son frère.

« Attrape ma main, Jeremy ! Dépêche-toi, ils arrivent ! »

Jeremy avait beau se dresser sur la pointe des pieds, il ne pouvait atteindre la main tendue de Nicholas.

« Je t'en prie, Jeremy, fais un effort », hoqueta

Nicholas en sentant les doigts de son frère glisser dans les siens.

Jeremy sauta, effleura sa main, puis retomba.

« Va-t'en, Nick ! Sauve-toi. Vite ! » cria-t-il au moment où les trois hommes fondaient sur lui.

L'un d'eux leva son revolver et l'abattit sur sa nuque. Nicholas eut tout juste le temps de basculer de l'autre côté du mur et il disparut dans la nuit.

À l'intérieur du théâtre, Worm rangea son émetteur et s'humecta les lèvres. Sa paupière était agitée d'un tressaillement nerveux. M. Banes marchait à sa rencontre, suivi par Don White. Worm déglutit péniblement.

« Nous en avons attrapé un, mais l'autre nous a échappé. Je suis navré, monsieur Banes. »

Un silence pesant s'installa, seulement troublé par le grésillement de l'allumette que Don White craqua pour allumer son cigare.

« Vous aurez le second, ne vous inquiétez pas, leur assura-t-il. En ce qui me concerne, j'ai rempli mon contrat. Vous me devez donc quinze mille dollars, comme convenu.

— Oui, bien sûr, répondit M. Banes en dardant sur lui les petits verres ronds de ses lunettes. Nous attraperons le fuyard. D'ici une heure, tous les policiers de New York le rechercheront pour meurtre.

— Excellente idée, le félicita Don White. Un joli coup monté !... Mais... le meurtre de qui, au juste ?

— Le vôtre », expliqua tranquillement M. Banes en tirant soudain un revolver.

Il fit feu. Don White fut projeté en arrière et glissa lentement le long du mur, ses yeux morts fixés sur son meurtrier d'un air de reproche. Son cigare avait roulé près de lui et continuait de se consumer doucement.

« Partons d'ici », ordonna M. Banes en glissant l'arme dans son étui.

3

Linda Thorn

Nicholas s'était foulé la cheville en tombant lourdement de l'autre côté du mur. Il se releva et s'éloigna en boitillant vers une rue animée où la foule l'absorba aussitôt. Il suivait les trottoirs, traversait les croisements sans prêter attention aux feux. Un gros taxi jaune fit une embardée pour l'éviter et klaxonna furieusement. Nicholas poursuivit sa route sans se soucier d'où il allait, uniquement préoccupé de mettre le maximum de distance entre lui et le théâtre.

« Quoi qu'il arrive, Nick, je suis ton frère et le resterai toujours », avait dit Jeremy.

Dès leur arrivée à New York, Jeremy avait pressenti que quelque chose allait se passer et il en avait eu la révélation sur scène. Son pouvoir, télépathie ou quel que soit le nom qu'on puisse lui attribuer, avait évolué d'une façon imprévisible. Cela effrayait Nicholas bien davantage que les tous derniers événements. Il se rappelait l'expression hagarde et terrifiée de Jeremy lorsqu'il lui avait ôté son masque. Qu'avait-il donc vu ?

Nicholas porta la main à son front et remarqua ses doigts tachés de sang. Ses pensées revenaient inlassablement à la scène du mur, son frère qui sautait vainement pour agripper sa main, puis la crosse du revolver qui s'abattait sur sa nuque. Il n'avait rien pu faire, sinon s'enfuir. Mais en était-il bien sûr ? Comme toujours, Jeremy l'avait protégé. Pourquoi n'était-il pas redescendu pour combattre à son côté ? Il s'était conduit comme un lâche, il n'avait pas secouru Jeremy, il l'avait trahi. La rue s'arrêtait devant un embranchement. Nicholas hésita sur la direction à suivre. Le cœur de Greenwich Village, ses lumières, ses bars, ses boutiques se trouvaient à présent derrière lui. Devant, tout était sombre et tranquille. La foule lui offrirait sans doute plus de sécurité mais il avait presque envie de se faire rattraper pour rejoindre Jeremy (et se faire pardonner sa faiblesse). Le feu passa au rouge. Il traversa la chaussée d'un pas d'automate et s'enfonça dans la pénombre.

Il marcha ainsi plusieurs minutes sans s'apercevoir qu'on le suivait, puis il prit conscience des pas qui résonnaient sur le trottoir, à une vingtaine de mètres derrière lui. Il jeta un coup d'œil par-dessus son épaule mais ne distingua personne et reprit sa marche. Aussitôt les pas résonnèrent à nouveau, comme un écho. Il accéléra instinctivement l'allure, tourna à gauche, puis à droite, dans l'espoir de retrouver bientôt la sécurité précaire de la foule.

Il était complètement perdu mais son suiveur, lui, n'avait pas perdu sa trace, car l'écho de ses pas continuait de répondre aux siens. Enfin il déboucha sur une grande place et s'y engagea avec soulagement. Washington Square. Un chemin cimenté traversait la pelouse ombragée de grands arbres. Une fontaine, calme et silencieuse, occupait un côté, entourée de bancs. Quelques personnes y étaient regroupées, mais ce n'était pas le genre de personnes que Nicholas espérait rencontrer.

Un ivrogne était affalé sur un banc, les bras resserrés sur un manteau élimé. Un peu plus loin, un groupe de punks, vêtus de jeans délavés et de tee-shirts crasseux, rôdaient autour de la fontaine en discutant à voix basse. Ils s'assirent sur un banc et observèrent Nicholas traverser la place en clopinant. Son pied le faisait souffrir de plus en plus et il dut s'arrêter pour se reposer un peu.

« Tu cherches quelque chose ? » questionnèrent deux punks en roulant vers lui.

« En roulant », parce qu'ils se déplaçaient sur des patins à roulettes. Tout en eux était inquiétant : leur regard agressif, le renflement du couteau dans leur poche.

« Non, je ne cherche rien, répondit Nicholas d'une voix si faible qu'il la reconnut à peine.

— Peut-être qu'il s'est enfui de chez lui ? suggéra l'un des punks avec un sourire narquois.

— Et peut-être qu'il a de l'argent ? renchérit son copain en riant.

— Laissez-le tranquille ! » jeta une voix derrière eux.

Nicholas se retourna et découvrit une jeune femme en pantalon gris et chemisier rouge, avec un sac en bandoulière sur l'épaule.

« Laissez-le, répéta-t-elle d'un ton ferme.

— Tu es sa sœur ? »

Négligeant la question, la jeune femme sortit de son sac un flacon argenté.

« Méfiez-vous ! Ceci est une bombe lacrymogène avec laquelle je peux vous aveugler à six mètres. De plus, je suis ceinture noire de karaté. À votre place, j'abandonnerais », conclut-elle d'un ton menaçant.

Les deux punks la dévisagèrent avec curiosité. Ils hésitèrent un instant puis haussèrent les épaules et rejoignirent leurs amis près de la fontaine. La jeune femme rangea tranquillement le flacon dans son sac sous les yeux éberlués de Nicholas. Âgée d'une vingtaine d'années, petite et très mince, elle avait de longs cheveux bruns, des taches de rousseur, de grandes lunettes roses et une chaîne d'or autour du cou. Nicholas se demandait s'il ne l'avait pas déjà croisée quelque part car son visage lui était vaguement familier.

« C'est vous qui me suiviez, n'est-ce pas ?

— Tu m'as repérée ?

— Entendue, seulement.

— Normalement, tu n'aurais pas dû, regretta la jeune femme. Moi qui croyais me déplacer sans bruit ! Ce doit être à cause de mes hauts talons.

— Qui êtes-vous ?

— Je m'appelle Linda Thorn. J'étais au théâtre, ce soir. Tu ne te souviens pas de moi ? Je suis la spectatrice qui t'a remis la clef, pour ton numéro. Tu es Jeremy, n'est-ce pas ?

— Non, je suis Nicholas, rectifia-t-il d'un ton farouche. Ils ont capturé mon frère. Ils... »

Nicholas s'interrompit. Il n'avait pas envie de parler à cette femme, il n'avait envie de parler à personne.

« Je suis désolée, soupira Linda Thorn en s'asseyant sur le banc à côté de lui. Vous vous ressemblez tellement, tous les deux.

— Que voulez-vous ?

— T'aider.

— Comment ?

— Eh bien... pour commencer, je peux te proposer l'hospitalité. Tu ne sembles pas en mesure de t'offrir un palace ! Et puis je peux aussi t'aider à découvrir ce qu'il est advenu de ton frère, ajouta-t-elle à voix basse en jetant un regard inquiet autour d'elle.

— Vous êtes au courant de quelque chose ?

— Partons d'ici avant que les punks s'intéressent de nouveau à nous.

— Et votre gaz lacrymogène ?

— Ce n'est pas du gaz, mais un vaporisateur, sourit Linda. Quant au karaté, mes connaissances s'arrêtent aux films de Bruce Lee. Mieux vaut partir au plus vite.

— Où ?

— J'habite dans Amsterdam Avenue, à la 160e Rue Ouest. Fais-moi confiance.

— De toute façon, je n'ai pas le choix », grommela Nicholas en se levant pour la suivre.

La station de métro était sombre, sale, et pratiquement déserte à cette heure du soir. Ils attendirent sur le quai jonché de détritus, devant une affiche écornée que Nicholas parcourut d'un œil distrait.

À chaque enfant sa bible
Aidez-nous à réveiller la morale du monde
Donnez 35 $ pour l'impression
et la distribution gratuite d'une bible
à tous les enfants.
Mme E. Carnitt compte sur votre soutien :
en offrant une bible,
vous contribuez à éduquer l'Amérique.

La rame de métro arriva, vétuste, grise, et entièrement recouverte de graffiti, à l'extérieur comme à l'intérieur, du sol au plafond. Même les sièges portaient des inscriptions de peinture noire. Nicholas s'assit et ferma les yeux pour essayer de se détendre. En vain. Tout allait beaucoup trop vite.

Il n'éprouva un vague soulagement qu'en arrivant dans la 160e Rue, devant un immeuble de briques noircies. Linda brandit un volumineux trousseau de clefs : il y avait au moins trois serrures pour la seule porte d'entrée.

« Désolée, Nicholas, j'habite au sixième sans ascenseur. Comment va ta cheville ? Tu pourras monter ?

— Ça ira. »

L'appartement de Linda se trouvait au dernier étage. Encore deux autres serrures à déverrouiller et ils entrèrent. Des monceaux de papiers éparpillés, telle fut la première vision de Nicholas. Une table occupait le centre de la pièce, croulant sous des masses de feuillets qui cernaient une antique machine à écrire. D'autres feuillets froissés débordaient d'une corbeille en plastique, sous la table. Il y avait aussi des blocs sur les étagères, des liasses disséminées sur le sofa, sur les chaises, et par terre.

Au lieu de tableaux, les murs étaient décorés de lettres de formats divers, agrafées ou collées côte à côte. L'une portait l'en-tête d'un éditeur new-yorkais qui remerciait Linda Thorn de lui avoir adressé son manuscrit *Jour mortel en juin*, mais regrettait de ne pouvoir le publier. Une douzaine de lettres similaires l'encadraient.

« Je suis écrivain, expliqua Linda Thorn en refermant la porte. Mais un écrivain non publié.

— Qu'écrivez-vous ?

— Des romans policiers. Tu dois avoir faim. Que dirais-tu d'un morceau de pain aux noix ?... Je suis végétarienne, précisa-t-elle d'un ton d'excuse.

— Non, merci.

— Une tasse de thé ?

— Non, vraiment, rien.

— Tu as sommeil ?

— Oui, terriblement. J'ignore qui vous êtes et pourquoi vous m'aidez mais... je n'ai pas envie d'en discuter maintenant. Je... j'ai besoin d'être seul.

— Aucun problème, Nick, le rassura la jeune femme d'un ton enjoué. Nous parlerons demain matin. Je n'ai qu'une chambre et tu devras dormir dans le salon. Je vais te chercher des couvertures.

— Merci.

— Tu ne veux pas que j'examine ta cheville ? proposa-t-elle en revenant de sa chambre, les bras chargés de couvertures qu'elle disposa sur le canapé.

— Non, ce n'est pas la peine.

— Bien. Repose-toi, nous parlerons de tout cela demain. Ne t'inquiète pas, je suis certaine que tout va s'arranger.

— Je l'espère.

— Dors bien, Nicholas.

— Bonne nuit et... merci, Linda. »

Une fois seul, Nicholas se déshabilla rapidement et s'enfouit sous les couvertures. Pourtant il ne chercha pas le sommeil. Il avait souhaité se retrouver seul pour tenter une expérience. Il ferma les yeux, relaxa son corps en essayant d'oublier le grattement de la couverture sur sa peau nue et, peu à peu, sa respiration devint plus régulière et profonde, et son esprit se concentra sur un point très précis, au milieu de son front.

Tout à coup, ce fut comme s'il sortait de son corps. Nicholas n'était plus qu'esprit. Il se vit s'enfoncer dans les ténèbres, traverser les murs, errer dans la ville. Jeremy était là, tout près, il le sentait. S'il parvenait à l'atteindre, à se fondre en lui, il apprendrait où ses ravisseurs le séquestraient.

Nicholas perçut un ronronnement de circulation, puis un autre son, comme le grincement d'une machine ou un roulement métallique, qui s'arrêta soudain après un dernier cliquetis. Une porte en fer s'ouvrit et il frissonna en sentant une main le pousser dans le dos. La porte se referma et le grincement reprit. Où était-il ? Impossible de le définir avec précision, pourtant il était certain de n'avoir pas quitté New York. Jeremy était enfermé quelque part dans la ville.

Puis une chose étrange se produisit. Instinctivement, Nicholas agrippa les bords du canapé. Le plancher tanguait. Il n'était plus sur la terre ferme. Un avion ? Non, il aurait senti le décollage. Un hélicoptère ? Non plus, il aurait entendu le sifflement des hélices. Quel était donc ce grincement régulier, et ce cliquetis ?

« Que fait-il ?

— Je ne sais pas, monsieur Banes. »

Un visage apparut qui l'observait avec curiosité. Nicholas n'avait jamais vécu semblable expérience et il se demanda ce qui avait subitement développé son pouvoir télépathique. Tout se passait comme s'il voyait par les yeux de Jeremy. Le visage se penchait vers Jeremy, mais c'était Nicholas qui regardait.

Et il reconnaissait ce visage : la peau grisâtre, la moustache fine, le sonotone. M. Banes le scrutait d'un œil soupçonneux à travers ses petites lunettes rondes. Il avait dû prendre une décision car Nicholas le vit lever la main. Jeremy fut projeté en arrière mais ce fut Nicholas qui sentit la gifle. Son corps entier se contracta et il se réveilla dans l'appartement de Linda Thorn, la couverture rejetée à ses pieds, le front en sueur.

Il se leva d'un pas incertain pour allumer la lumière. En passant, un miroir lui renvoya son image et il remarqua la trace rouge et brûlante que portait sa joue. Il l'effleura du bout des doigts, un sourire aux lèvres.

À présent, il savait. Jeremy était retenu prisonnier, quelque part dans New York, mais il était vivant. Et lui, Nicholas, d'une façon ou d'une autre, le retrouverait.

4

Porté disparu

Ce fut une odeur de cuisine qui réveilla Nicholas. Il cligna un instant des yeux en se demandant où il était, puis il aperçut les monceaux de feuillets éparpillés dans la pièce et la mémoire lui revint.

« Il est dix heures ! lui lança Linda depuis la cuisine. Je me demandais si tu te réveillerais un jour !

— Qu'est-ce que c'est ? » grimaça Nicholas en la rejoignant.

Linda était en train de faire sauter dans une poêle quelque chose qui ressemblait à une crêpe.

« Des galettes de farine de haricots. Au menu, il y a également des toasts de pain sans sel, du lait écrémé et du café décaféiné. Je prends soin de ma petite santé, ajouta-t-elle en éteignant la plaque chauffante.

— Je vois ça. »

Linda avait déjà eu le temps de descendre faire quelques courses et, dix minutes plus tard, Nicholas s'attabla devant son petit déjeuner vêtu d'un jean tout neuf et d'une chemise en coton. Il mangea de bon appétit et, si le menu était pour le moins inhabituel, il avait trop faim pour s'en soucier.

« Que t'est-il arrivé, cette nuit ? questionna Linda en lui versant une deuxième tasse de café.

— Oh !... ce bleu sur ma joue ?... Rien, j'ai dû tomber du lit. »

Linda hocha la tête d'un air dubitatif mais n'insista pas. Le déjeuner terminé, elle empila la vaisselle dans l'évier et revint au salon.

« Vous écrivez depuis longtemps ? demanda Nicholas en ramassant une feuille de papier.

— Environ six ans. Ce que tu tiens là est une page d'un roman intitulé : *Un jour mortel de juillet.* Plus jeune, j'espérais devenir détective. Comme cela n'a pas été possible, je me suis consolée en écrivant des romans policiers. Mais il semble que je ne sois pas douée non plus pour ce métier.

— C'est gentil à vous de m'avoir accueilli, mais il faut que je parte, à présent.

— Où veux-tu aller ?
— Je ne sais pas. Je dois retrouver Jeremy.
— Et où commenceras-tu tes recherches ?
— Ici. Je sais qu'il est encore à New York.
— Comment peux-tu en être sûr ?
— Je le sais, c'est tout. Et je le retrouverai.
— Tout seul ?
— Mais je suis seul, Linda.
— Et moi, je ne compte pas ? s'offusqua la jeune femme. Très bien, va-t'en et débrouille-toi tout seul ! Je ne te donne pas cinq minutes avant que la police te jette en prison. Regarde le journal que j'ai acheté ce matin. C'est la première édition du *Daily News*. Félicitations, Nicholas Helsey, tu as ta photo à la une ! »

Nicholas ouvrit des yeux effarés en lisant le titre de la première page :

« LE JUMEAU TÉLÉPATHE IMPLIQUÉ DANS UN MEURTRE MYSTÉRIEUX ! »

Suivait un récit détaillé de l'histoire :

Un crime étrange a été commis, hier soir, au Théâtre de la Comédie, dans Greenwich Village. La victime est un homme de cinquante ans, du nom de Don White, imprésario et homme d'affaires. Plusieurs témoignages désignent sans aucune équivoque le jeune Nicholas Helsey, 14 ans, comme le meurtrier. Don White a reçu deux balles de Browning 9 mm presque à bout portant qui l'ont tué sur le coup. Il n'y a pas de mobile apparent. Don White produisait un spectacle de prétendus phénomènes paranormaux. En réalité, Nicholas Helsey et son frère jumeau, Jeremy, utilisaient un système de signaux élaboré pour présenter un numéro truqué de transmission de pensée. Les deux adolescents vivaient sous la garde de Don White depuis la mort accidentelle de leurs parents, il y a quatre ans, en Angleterre.

Hier soir, le jeune Nicholas Helsey a disparu sans laisser de traces, et la police a lancé contre lui un avis de recherche. Quant à son frère, Jeremy Helsey, il se trouve à présent sous la protection d'amis de Don White. Dans sa déposition, il a affirmé que son frère s'adonnait depuis peu à la drogue, ce qui pourrait expliquer son acte criminel. « Nicholas ne sait plus ce qu'il fait, a déclaré Jeremy. Je crains qu'il ne devienne un danger pour toutes les personnes qu'il croisera sur son chemin. »

La police a lancé des recherches dam toute l'agglomération de New York. Nicholas Helsey est de taille moyenne, mince, avec des cheveux châtain clair et des yeux marron.

« Ainsi, ils ont tué Oncle Don, soupira Nicholas en reposant le journal.

— Je suis désolée, Nick.

— Ne le soyez pas. Il le méritait.

— L'article est percutant, n'est-ce pas ? En quelques lignes, ils dressent de toi le portrait d'un imposteur, d'un drogué, et d'un tueur psychopathe ! C'est typiquement le genre d'histoires que j'invente, à la différence que, moi, on ne me publie pas.

— Personne ne croira ce tissu de mensonges.

— Détrompe-toi, tout le monde le croira, au contraire. Tâche de comprendre, Nick. Si tu sors d'ici seul, tu n'as aucune chance. Dès aujourd'hui, tous les garçons de ton âge vont devenir suspects.

— Quelle différence, si vous m'accompagnez ?

— Tu pourras passer pour mon jeune frère. Pourquoi refuser mon aide, Nick ?

— Je vous connais à peine ! En quoi mon histoire peut-elle vous intéresser ?

— Elle m'intéressait bien avant que je te rencontre, Nicholas, crois-moi. »

M. Banes augmenta le volume de son sonotone et composa un numéro de téléphone. Il jeta un coup d'œil par la fenêtre de son bureau : un garde armé traversait les pelouses entre les deux bâtiments. Depuis l'arrivée du garçon, il avait ordonné le renforcement des mesures de sécurité. Une erreur suffisait, il ne pouvait se permettre d'en commettre une seconde.

« Banes, annonça-t-il en entendant un déclic au bout de la ligne.

— Oh, cher monsieur Banes ! Je croyais que vous ne pensiez plus à moi », répondit la voix glaciale.

Malgré la fraîcheur de la pièce, la sueur perlait au front de M. Banes.

« Nous n'en avons capturé qu'un seul... J'ignore comment, mais ils semblaient au courant de notre présence.

— Cela vous étonne ? Bien entendu ils le savaient ! Je vous avais pourtant prévenu de leur don exceptionnel. Sinon, ils ne présenteraient aucun intérêt. Malgré mes avertissements et l'aide de vos sbires, vous vous êtes laissé piéger ! »

M. Banes commençait à regretter d'avoir augmenté le volume de son sonotone. La voix sèche et autoritaire lui transperçait le crâne.

« Rassurez-vous, la police retrouvera le fuyard à notre place. J'ai pris des dispositions pour...

— Je me moque de vos dispositions puériles, glapit la voix tranchante. Trouvez le jumeau et tuez-le.

— Mais...

— Des objections, monsieur Banes ?

— Oh, non... non. »

Maintenant la sueur lui coulait dans le cou. Son col de chemise l'étranglait.

« Si Jeremy est ce que je crois, j'aurai enfin atteint mon but et peu m'importera que son frère soit vivant ou mort. Si, en revanche, j'ai fait fausse route, ils ne me seront utiles ni l'un ni l'autre.

— Comment comptez-vous opérer, avec Jeremy ?

— Vous l'avez mis sous sédatif ?

— Oui, j'ai suivi vos instructions.

— Parfait, répondit la voix avec une cruelle satisfaction. Cela devrait empêcher toute communication télépathique entre les deux frères. Maintenez-le dans cet état encore deux jours, jusqu'à ce que j'arrive.

— Et ensuite ?

— Ensuite, nous commencerons le traitement. »

Nicholas et Linda marchaient dans Central Park, cet immense espace de verdure qui forme une oasis de quiétude au milieu du bourdonnement de Manhattan. Il faisait beau. Le soleil étincelait derrière les hautes tours des gratte-ciel. Des enfants jouaient avec des modèles réduits de bateaux sur le lac, des couples se promenaient le long des allées. Tout était paisible.

Néanmoins, Nicholas ne parvenait pas à se

détendre. En apercevant un policier marcher à leur rencontre, il sentit son estomac se contracter, mais l'homme passa sans leur accorder la moindre attention. Linda avait raison : on recherchait un adolescent solitaire, et non un garçon se promenant en compagnie d'une jeune femme qui pouvait être sa sœur. En outre, Linda avait un peu transformé l'apparence de Nicholas, à l'aide d'un flacon de teinture pour lui assombrir les cheveux, et d'une paire de lunettes pour changer son regard. Petites ruses assez rudimentaires mais qui suffisaient à modifier son allure.

« J'habite New York depuis neuf ans, lui raconta la jeune femme. J'ai vingt-sept ans. Je vis sur un petit héritage inespéré. J'espère encore réussir à publier mes romans, mais après soixante-quatorze refus d'éditeurs, j'avoue que je commence à douter. »

Ils avaient atteint une clairière au milieu de laquelle se dressait une statue d'Alice assise sur un champignon et entourée de plusieurs personnages du Pays des Merveilles. Il n'y avait personne en vue. Linda choisit une niche creusée dans le socle de la statue, en face d'une haie, et s'assit, sa sacoche sur les genoux.

« Je suis originaire de Houston, poursuivit-elle. Là-bas, je connaissais un garçon que j'avais souvent gardé lorsqu'il était petit. Il s'appelait Joe Fanelli.

C'était un enfant très gentil, honnête et studieux. Lui aussi était sujet à des sortes... d'illuminations. Cela ne lui arrivait pas fréquemment mais il était capable de pressentir l'avenir. Par exemple, il pouvait sortir un matin de sa chambre en disant : “double chance”, ce qui n'avait aucune signification jusqu'à ce que, dans la journée, on apprenne par la radio qu'un cheval appelé Double-Chance venait de remporter une course. Joe devinait ce genre de choses, de façon tout à fait inattendue et involontaire. Il a fait l'objet d'un ou deux articles de journaux, et même d'une émission de télévision.

— Et ensuite ?

— Six mois plus tard, il a disparu. Joe avait ton âge, à l'époque, à un ou deux ans près. Ses parents ont pu suivre sa piste jusqu'à New York, et ils sont venus me voir. Au bout de deux mois de recherches infructueuses, ils se sont résignés à rentrer chez eux en me suppliant d'ouvrir l'œil. Comme si j'allais croiser leur fils au coin d'une rue !

— Vous n'avez plus jamais eu de nouvelles ?

— Si. Une semaine plus tard, Joe a refait surface... Son corps flottait dans East River. Son bras était couvert de marques de piqûres et on a conclu à une mort par overdose d'héroïne. J'ai dû me rendre à la morgue pour l'identifier, ajouta Linda tristement. C'était bien lui... Mon Dieu, je n'oublierai jamais... Ses parents ont fait rapatrier son corps par avion pour l'enterrer à Houston. La police a classé l'affaire mais, moi, je n'accepte pas leurs conclusions. Il y a quelque chose qui cloche. Je connaissais bien Joe. Pour rien au monde il ne se serait enfui de chez lui, et encore moins pour se droguer. Et puis... il y avait autre chose.

— Quoi ?

— Dans la poche de Joe, la police a trouvé ceci, expliqua Linda en sortant un petit feuillet de sa sacoche. Je l'ai conservé sans savoir pourquoi. Personne n'en comprenait le sens et cela m'intriguait. »

Nicholas jeta un coup d'œil à la feuille. Il s'agissait d'une page de livre, déchiquetée sur un bord et souillée par son séjour dans la rivière. La plupart des mots étaient illisibles mais on déchiffrait quelques fragments.

« *... avait la main dans une coupe d'or, remplie de choses abominables et sales... la grande mère... je la vis... le sens secret de la femme...*, lut Nicholas. Qu'est-ce que cela signifie ?

— C'est une page de la Bible, un extrait de l'Apocalypse de saint Jean. J'ai lu le passage entier mais cela n'éclaire pas davantage.

— Pourquoi Joe gardait-il cette page dans sa poche ? Vous avez une idée, Linda ?

— C'est la question que je me pose, soupira la jeune femme en rangeant précieusement le morceau de papier. Que Joe ait fait une fugue et qu'il se soit drogué est déjà difficile à croire. Mais qu'il ait conservé cette page de la Bible m'a vraiment intriguée. Ça ne colle pas, Nick. Tu comprends ? Donc, j'ai enquêté, ajouta-t-elle en sortant un dossier. Tu serais surpris d'apprendre le nombre d'enfants qui disparaissent, surtout à New York. Des centaines chaque année ! Une association s'est même constituée pour les rechercher, mais sans grands résultats. La situation ne fait que s'aggraver ; on en vient à coller les photos d'enfants disparus dans les cabines téléphoniques, ou même à les imprimer sur les boîtes de lait !

— Que deviennent ces enfants ?

— Certains sont assassinés. Ce sont d'ailleurs sans doute les plus chanceux. D'autres tombent dans la drogue, sont poussés vers la délinquance... ou pire. Cependant, j'ai mis à jour un fait étrange. Au cours des derniers mois, un certain nombre des enfants disparus possédaient des dons extraordinaires, similaires à ceux de Joe... et aux tiens, Nicholas. Regarde ce dossier. J'y ai collectionné des coupures de presse. Ce garçon, par exemple, était capable de faire bouger les objets par la seule force de la pensée. Cette fille allumait des feux à distance. Celui-ci avait des dons de guérisseur. Celui-là recevait des messages de l'au-delà. Tous ces enfants, Nicholas, étaient dotés de pouvoirs paranormaux, et tous ont disparu.

— Et celui-là ? » questionna Nicholas en pointant la dernière coupure de presse, issue d'un journal anglais.

La photo représentait un jeune garçon qui ressemblait étrangement à Jeremy. La légende disait : « *L'écolier a-t-il lu l'avenir ?* »

« Oh ! lui c'est différent, répondit Linda. Martin Hopkins n'a pas précisément disparu. Il s'est trouvé impliqué dans des événements assez bizarres qui ont eu lieu dans le Yorkshire. Actuellement il se trouve au Pérou. Je ne possède aucune preuve, Nicholas, mais j'ai l'impression que quelqu'un a enlevé ces enfants.

— Vous en avez parlé à la police ?

— Une douzaine de fois au moins ! Mais ils me prennent pour un écrivain raté victime de son imagination. En désespoir de cause, j'ai donc décidé d'enquêter seule. Cela t'explique la raison de ma présence au Théâtre de la Comédie, hier soir. Quand j'ai appris que deux jumeaux télépathes donnaient une représentation, j'ai pensé que quelque chose allait peut-être se produire, et je ne me suis pas trompée.

— Vos arguments se tiennent, admit Nicholas. Même en ce qui concerne la drogue. L'article de ce matin me présentait comme un toxicomane. Exactement comme Joe Fanelli. Mais enfin pourquoi, Linda ? Que nous veulent-ils ? Et qui sont ces gens ?

— Jeremy nous l'apprendrait probablement », soupira Linda.

5
L'île

Jeremy n'en croyait toujours pas ses yeux. Il se trouvait à cinq cents mètres à peine du quartier général des Nations unies. Il distinguait nettement la grande tour verte dominant le bâtiment bas et arrondi et pouvait même identifier certains des drapeaux qui flottaient devant : l'Union Jack de Grande-Bretagne, la bannière étoilée des États-Unis, la feuille d'érable du Canada, le drapeau tricolore de la France. La vaste étendue d'eau boueuse d'East River le séparait de l'immeuble qui abritait l'Assemblée générale. De longues péniches à fond plat sillonnaient inlassablement le fleuve, chargées de vivres et de matériels. Des balises rouges les maintenaient à bonne distance de l'île et Jeremy se demandait s'il arrivait aux équipages de s'interroger sur ce qui s'y passait. Peut-être un capitaine un peu curieux était-il en train de braquer ses jumelles sur lui, en ce moment même ? Et s'il lançait un signal ?...

Inutile. Cela n'apporterait rien. Non seulement ses signes de détresse resteraient probablement sans effet, mais ils n'échapperaient pas aux gardes qui immédiatement le puniraient. L'île était beaucoup trop bien surveillée.

Une prison de haute sécurité en couvrait les trois quarts, et une clôture électrifiée en défendait l'accès. S'enfuir à la nage était impossible : un mirador équipé de projecteurs et de mitrailleuses contrôlait chacun des trois côtés de l'île. De toute façon, les courants du fleuve étaient traîtres, et l'autre rive trop éloignée.

Outre les miradors, la prison se composait de quatre bâtiments. Face à l'entrée principale, se dressait le Bloc A, le plus grand de tous. Une bâtisse hideuse, haute de cinq étages, sa façade de briques grises trouée de fenêtres à barreaux. De face, elle ressemblait à un hôpital, et de derrière, à un fort retranché équipé de remparts et de meurtrières. Autrefois elle abritait un asile d'aliénés et l'ombre glaciale de la folie y rôdait encore.

À présent, les murs emprisonnaient environ trois cents adolescents, âgés de treize à dix-huit ans. Et c'était un véritable pénitencier. Les pensionnaires étaient incarcérés pour des crimes allant de la simple fugue au meurtre, en passant par le vol ou l'agression. Le Bloc A possédait sa cour de promenade, sa blanchisserie, son réfectoire, sa bibliothèque. Il disposait même d'une imprimerie avec des presses dont le ronronnement résonnait dans l'enceinte de la prison du matin au soir. Jeremy n'avait pas la moindre idée de ce qu'on y éditait, ni dans quel but.

Une allée boueuse partant de l'entrée principale contournait le Bloc A pour s'arrêter à l'extrémité de l'île, en passant devant le quartier des surveillants. On l'appelait : le « Chemin de la Potence ». À mi-parcours, une seconde allée bifurquait vers un parking. C'était là que se trouvait le Bloc B, version réduite du premier, avec les mêmes allures de fortin en briques grises. Environ soixante-dix enfants y vivaient, prisonniers eux aussi, mais des prisonniers peu ordinaires.

Quelques-uns seulement étaient coupables de délits, et aucun n'avait été jugé. Ils venaient de toutes les régions d'Amérique. Certains avaient été kidnappés, d'autres enlevés dans des orphelinats ou dans d'autres institutions, quelques-uns, comme Jeremy, vendus par des parents.

Tous possédaient un point commun : à un moment de leur vie, ils avaient fait preuve de dons extrasensoriels, leurs exploits avaient été rapportés par la presse, la radio, ou la télévision, et, sitôt après, ils avaient disparu.

Les « spéciaux », comme on les surnommait, étaient autorisés à se promener librement dans l'île, sur les pelouses et le long d'East River. Toutefois, ils n'échappaient jamais à la vigilance des gardes qui les surveillaient du haut des miradors. Ils ne pouvaient ni s'enfuir à la nage, ni se risquer à envoyer des signaux désespérés à des curieux qui les auraient pris pour de simples délinquants.

Ils déambulaient donc dans l'île, sans toutefois s'aventurer jusqu'à la pointe, masquée derrière un bosquet d'arbres que personne ne devait franchir. Derrière ce bosquet se dissimulait le quatrième bâtiment, occupé par le Centre de Traitement.

En réalité, le Centre de Traitement justifiait à lui seul l'existence de l'île. C'était un petit immeuble flambant neuf en briques noires, sans fenêtres, muni d'une unique porte en fer. Pendant la journée, les haut-parleurs dissimulés dans les arbres diffusaient les annonces que M. Banes lançait d'une voix neutre et impérative : « Numéro 174, au Centre de Traitement. » Alors, quelque part, un adolescent devenait livide et ses amis se détournaient, soulagés de ne pas porter le numéro 174.

Mais ce n'était que partie remise car, un jour ou l'autre, tous les « spéciaux » étaient appelés au Centre de Traitement. Certaines séances n'étaient parfois consacrées qu'à des tests. « Peux-tu décrire le dessin de cette carte sans la regarder », leur demandait par exemple M. Banes. « Brise cette vitre sans la toucher »... D'autres fois, on leur demandait simplement de dormir, afin d'étudier leur sommeil à l'aide d'électrodes fixées sur les tempes. M. Banes poursuivait sans relâche ses expériences : il encourageait leurs dons, les mesurait. Si les essais s'avéraient infructueux, ou leur pouvoir insuffisant et irrégulier, les séances s'interrompaient et on transférait les « spéciaux » au Bloc A, parmi les prisonniers ordinaires. Pour eux, le supplice était terminé.

En revanche, si les expériences se révélaient positives, M. Banes approfondissait ses recherches et, alors, la torture commençait. L'isolation phonique du Centre de Traitement étouffait les cris. Le numéro 174, par exemple, risquait d'y rester enfermé une heure, une journée entière, ou bien de n'en jamais ressortir vivant. Les « spéciaux » étaient régulièrement renouvelés. Aucun n'était demeuré au Bloc B plus de trois mois. De nouveaux sujets arrivaient sans cesse, qui attendaient dans l'angoisse qu'on appelle leur numéro, et que leurs amis se détournent d'eux comme de pestiférés.

Jeremy se tenait sur la rive du fleuve, les yeux tournés vers les Nations unies. Voilà trois jours qu'on l'avait amené sur l'île. Un garde l'avait délesté de sa montre mais la position du soleil indiquait environ midi. Son regard revenait avec insistance sur les eaux grises d'East River. Sans les vigiles qui l'auraient mitraillé au bout de quelques brasses, il se sentait assez bon nageur pour effectuer la traversée.

Le jour de son arrivée sur l'île, une sensation familière l'avait rempli d'espoir : Nicholas l'avait rejoint par la pensée pour se fondre en lui. Malgré l'éloignement, son frère avait réussi à établir le contact. Jeremy s'apprêtait à lui communiquer ce qu'il avait découvert lorsque M. Banes avait brutalement interrompu leur échange par une gifle terrible. Nicholas avait-il eu le temps de saisir quelque chose ?

Par la suite, on avait conduit Jeremy au quartier des surveillants, juste derrière le Bloc A, sur le Chemin de la Potence, où M. Banes lui avait affecté le numéro 300, et expliqué le règlement de l'île. Désormais, Jeremy Helsey ne portait plus de nom, mais un numéro.

« Tu devras obéir aux ordres, avait insisté M. Banes. Toute infraction entraîne un châtiment immédiat, et les tentatives d'évasion sont punies de mort. Compris ?

— Oui, j'ai compris.

— Oui, MONSIEUR !

— Oui, monsieur. »

Puis M. Banes avait extrait d'un tiroir de son bureau un flacon de capsules rouges.

« Avale cette capsule. »

Jeremy avait hésité, sans savoir ce qui le révoltait le plus : le rouge luisant de la gélule, ou la peau grisâtre de la main qui la tenait.

« Obéis, numéro 300 ! avait glapi M. Banes. Si tu ne l'avales pas de ton propre gré, je t'y obligerai par la force. »

Jeremy avait donc obéi. D'autres capsules avaient suivi, à raison de deux par jour : une sorte de léthargie l'engourdissait maintenant et l'empêchait de se concentrer. Il lui était désormais impossible de communiquer avec son frère. Il était seul.

Les drapeaux flottant devant les Nations unies le fascinaient et c'est à peine s'il entendit la voix de M. Banes grésiller dans les haut-parleurs.

« Numéro 300, au Centre de Traitement. Numéro 300. »

Jeremy ferma les yeux. Son tour était venu. Que faire ? Refuser de se soumettre et retarder l'inéluctable de quelques instants ? Les gardes s'empareraient de lui et le frapperaient pour avoir désobéi avant de le traîner au Centre. Il n'existait aucune échappatoire, aucune cachette où se réfugier.

Les jambes faibles, l'estomac noué, Jeremy avança lentement sur le Chemin de la Potence, vers la pointe de l'île.

[illegible] et la glace sans savoir ce qu'elle [illegible]
[illegible] de la perche, on la [illegible]
[illegible] la main, qu'il le [illegible].
« Oh ! s'il ne s'était [illegible] M. [illegible]
[illegible] pas de son [illegible]
la [illegible] »
[illegible] avec [illegible] à Brantôme [illegible]
[illegible] un [illegible]
[illegible]
[illegible]
[illegible] avec son frère [illegible].
[illegible]
[illegible] vox de
M. [illegible]
« Nous [illegible] la [illegible]
[illegible] »
[illegible] les yeux [illegible]
[illegible]
[illegible]
[illegible]
[illegible] de la [illegible] Cependant il n'existait aucune
[illegible]
[illegible] nous [illegible] avait
[illegible] de la [illegible]
point [illegible]

6

La Citadelle

« Tu es sûr qu'il s'agissait de la Citadelle ?

— Certain. »

Nicholas et Linda descendaient la 5e Avenue, pour suivre la seule piste dont ils disposaient et que Nicholas avait découverte à force de se remémorer les événements du Théâtre de la Comédie. C'était au moment précis où il effleurait la main de cet homme aux cheveux blonds et à l'horrible musculature que tout avait commencé : les transes de Jeremy, puis la poursuite cauchemardesque. À sa demande, le spectateur lui avait remis une carte d'identité, ou plus exactement un laissez-passer, avec sa photo, son nom, et une adresse : Albert Worm, La Citadelle – New York.

Depuis deux jours, Nicholas et Linda entraient dans la Citadelle, s'asseyaient au bar, et consommaient autant de tasses de café qu'ils pouvaient se le permettre, c'est-à-dire un nombre limité compte tenu des tarifs. Mais, comme l'affirmait Nicholas, si l'homme fréquentait habituellement les lieux, ils finiraient bien par le repérer et, en le suivant, par retrouver Jeremy.

« Comment peux-tu affirmer que cet homme est impliqué dans l'enlèvement de Jeremy ? » l'avait questionné Linda la veille au soir, alors qu'ils étaient attablés devant un plat de lentilles et de riz complet.

Nicholas n'en n'avait pas la moindre preuve car, à la vérité, il n'avait pas reconnu l'homme blond dans la meute de ses poursuivants. Il pouvait donc tout aussi bien être un inoffensif spectateur et le seul indice sur lequel Nicholas fondait sa conviction était l'impression désagréable que lui avait causé le contact de la main de l'homme et son mouvement de recul.

Nicholas se raccrochait à bien peu de chose, il en avait conscience, mais quel autre espoir lui restait-il ?

Ils longèrent la 5e Avenue jusqu'au bas de Central Park. La Citadelle se dressait devant eux. Malgré son humeur morose, Nicholas ne put s'empêcher d'admirer une fois encore ce tout nouveau et magnifique gratte-ciel. Conçu par un architecte inconnu, l'immeuble comptait quatre-vingt-douze étages, dix de moins seulement que le très célèbre Empire State Building. Exploit sans précédent : il avait été construit en cinquante-deux semaines, un an tout juste. Plus qu'un tour de force technique, c'était un véritable miracle. Pourtant blasés, les new-yorkais subjugués l'avaient admiré pousser comme une plante extraordinaire.

Le maire de New York en personne l'avait inauguré, le comparant dans son discours à une citadelle d'argent, car il semblait effectivement couvert d'argent. Même les fenêtres reflétaient le soleil comme des feuilles de métal. Le nom était resté. Pour la poste et les autorités, il s'agissait simplement de la Citadelle, mais tout le monde l'appelait la Citadelle d'argent.

L'architecture en était unique. Contrairement aux lois de la physique, la base du bâtiment était plus étroite que le haut. Les quinze premiers étages formaient un cylindre d'environ cent mètres de diamètre, venaient ensuite deux niveaux en saillie. Les étages supérieurs, plus larges que la base, se terminaient par une pointe où étincelait une aiguille d'acier qui perçait les nuages.

Les portes vitrées glissèrent silencieusement sur leurs rails et un air de musique accueillit Linda et

Nicholas. Un vieux musicien jouait du piano dans le hall. La Citadelle impressionnait autant de l'intérieur que de l'extérieur. Acier et miroirs teintés aux murs, marbre noir au sol, toutes les couleurs respectant une harmonie de noir et d'argent, y compris les uniformes des employés.

Les quinze premiers étages rappelaient l'architecture antique, avec un vaste patio central, lequel s'ornait d'un parterre de verdure, avec de véritables arbres, et d'une fontaine dont l'eau reflétait le vert sombre des feuillages. Un ascenseur les monta au-delà du quinzième étage, jusqu'aux niveaux intermédiaires où courait une galerie en rotonde réservée aux restaurants, aux salons, aux bars et aux boutiques de luxe.

Nicholas et Linda allèrent s'asseoir à la table d'un café, d'où ils pouvaient observer quiconque entrait ou sortait de l'immeuble. En effet, tous les escalators convergeaient vers la galerie, ainsi que les ascenseurs, dont les cabines transparentes glissaient sans bruit le long de leurs rails argentés. Les étages supérieurs étaient occupés par des bureaux. Si l'homme passait, dans un sens ou dans l'autre, ils ne pouvaient pas le manquer.

« J'aurais dû apporter ma bouteille thermos, marmonna Linda après avoir commandé deux cafés à une serveuse coiffée d'un bonnet blanc.

— Je n'ai pas envie de café, soupira Nicholas.

— Moi non plus, mais nous sommes obligés de consommer. Ils tiennent à rentabiliser toutes leurs chaises ! »

Le temps passa. Ils sirotèrent leur café aussi lentement que possible, puis en commandèrent d'autres. Une jeune femme relaya le vieux pianiste et joua les mêmes airs, mais sur un tempo plus rapide. Les gens allaient et venaient. Pas un instant Nicholas ne cessa de guetter, espérant reconnaître l'homme qu'il était venu chercher.

« Linda ?

— Oui ? Tu as vu quelque chose ?

— Non, je... je voulais simplement dire que... vous êtes très gentille de m'aider.

— Inutile de me remercier. De toute façon, je n'ai rien d'autre à faire.

— Et vos livres ?

— Mes livres ! Personne ne s'y intéresse. Mes parents ne perdent pas espoir de me voir enfin mariée et installée.

— Pourquoi pas ?

— Pour la même raison que je ne deviendrai jamais un grand écrivain : j'ai essuyé trop de refus ! ironisa Linda. Excuse-moi un instant, Nick, je vais aller me refaire une beauté, comme on dit. Quelle horreur, tout ce café ! »

Nicholas la regarda s'éloigner. Il avait parcouru quelques pages de son dernier roman et conclut qu'elle était le plus mauvais écrivain qu'il eût jamais lu. Même ses listes de provisions étaient incohérentes. Cependant il avait appris à l'aimer et trouvé en elle une amie sincère. Il reprit son guet en souriant mais son sourire se figea soudain...

L'un des ascenseurs allait atteindre la galerie, transportant seulement deux personnes : une femme chargée de sacs, et un homme vêtu d'un pantalon de cuir noir et d'un tee-shirt. Il regardait fixement le vide. D'une main, il rejeta une mèche blonde qui lui barrait le front. Albert Worm. Nicholas l'aurait identifié, quelle que soit sa tenue.

Il jeta un coup d'œil par-dessus son épaule dans l'espoir de voir revenir Linda, mais la jeune femme restait invisible. Il songea un instant à aller la chercher mais l'ascenseur descendait très vite et Worm risquait de lui échapper. De toute façon, ils avaient prévu le cas où ils se trouveraient séparés et, ne le voyant plus à sa place, Linda saurait quoi faire.

Au moment où le serveur apportait deux nouvelles tasses de café, Nicholas se précipita vers l'escalator. Ignorant les protestations d'une femme qu'il venait de bousculer, il s'élança dans l'escalier roulant. Rien ne pouvait l'arrêter. Il sautait les marches trois par trois. Il bondissait d'un escalator à l'autre sans ralentir sa course ni perdre de vue la cabine transparente de l'ascenseur qui n'allait pas tarder à rejoindre le rez-de-chaussée. Nicholas, lui, avait encore sept étages à dévaler. Il voulut sauter quatre marches à la fois, trébucha, se rattrapa de justesse à la rampe et poursuivit sa course en bousculant badauds et hommes d'affaires sur son passage. Il ne lui restait que trois niveaux, mais Worm était déjà sorti de l'ascenseur.

Il atteignit le hall d'entrée, s'élança, voulut éviter un porteur et percuta la malheureuse pianiste qui plaqua un accord dissonant sur son clavier. Sans perdre de temps à s'excuser, il se rua sur la porte vitrée en espérant qu'elle s'ouvrirait avant qu'il ne s'écrase contre la glace. Par chance, le faisceau électronique actionna le système d'ouverture à temps et Nicholas bondit sur le trottoir, à bout de souffle.

Un instant, il crut avoir perdu Worm. Il était midi et une foule de gens se pressait dans la rue. Puis il distingua sa tête blonde. Worm descendait la 5e Avenue, laissant derrière lui Central Park. Nicholas lui emboîta le pas, en veillant à garder une distance respectable. L'homme n'avait aucune raison de se retourner mais, si jamais il lui en prenait l'envie, il aurait tôt fait de le reconnaître.

En le voyant s'arrêter à un croisement, Nicholas craignit qu'il appelle un taxi. Lui-même avait à peine de quoi s'offrir un ticket d'autobus. Heureusement, Worm poursuivit son chemin à pied mais, subitement, il jeta un coup d'œil par-dessus son épaule. Prudence habituelle ou sixième sens ? Nicholas eut tout juste le temps de se dissimuler dans l'entrée d'une librairie. Satisfait, Worm reprit sa marche.

Ils parcoururent ainsi six blocs d'immeubles, avant que Worm bifurque à droite, dans la 51e Rue. Nicholas se précipita à l'angle du bâtiment, juste à temps pour voir l'homme pénétrer sous un porche, sur le trottoir opposé. Repérant une cabine téléphonique toute proche, il s'y engouffra pour composer le numéro que Linda lui avait donné deux jours plus tôt. Un numéro à appeler en cas d'urgence, au cas où ils seraient séparés. Il correspondait à une cabine publique de la Citadelle.

Linda répondit à la première sonnerie.

« Nicholas, c'est toi ?

— Oui, Linda.

— Que s'est-il passé ?

— J'ai repéré notre homme.

— Tu en es certain ?

— Absolument, c'est bien Worm.

— Où es-tu ?

— Dans la 51e Rue, répondit Nicholas en jetant un coup d'œil autour de lui. Devant un théâtre qui s'appelle le Radio City Music Hall[1]. Worm vient d'y pénétrer par l'entrée des artistes. Je vais le suivre.

— Attends-moi ! s'écria Linda. N'y va pas seul,

1. Le Radio City Music Hall est l'un des plus grands théâtres du monde, avec 6 200 places, une scène géante, et une troupe de danseuses très renommée. Il est réputé pour ses spectacles musicaux et ses mises en scène grandioses.

Nick. Je te rejoins dans cinq minutes. Je t'en prie, attends-moi. Nicholas ? Nicholas... ? »

Mais Nicholas avait déjà traversé la rue, sans même raccrocher le téléphone.

7

Les sous-sols du Radio City

À l'approche de la représentation de quatorze heures trente, une grande animation régnait aux abords de l'entrée des artistes. Acteurs, musiciens, danseurs, techniciens et machinistes se pressaient devant la porte. Nicholas se fondit parmi eux dans l'espoir de passer inaperçu, mais à peine avait-il fait trois pas qu'un gardien l'interpella derrière le guichet vitré à gauche de l'entrée.

« Où vas-tu, mon garçon ?

— Je... heu... »

Nicholas remarqua un escalier mais un second homme en uniforme bleu apparut, qui en bloquait le passage.

« Où comptes-tu aller, par ici ?

— Je... Un homme vient juste d'entrer, bredouilla Nicholas. Un homme blond, avec un pantalon de cuir.

— Il est descendu à la régie de scène.

— Que lui veux-tu ? » intervint le gardien de sa cage de verre.

Devant leurs regards soupçonneux, Nicholas commençait à se sentir nerveux, conscient que ses lunettes et ses cheveux teints lui offraient une bien faible protection. Après tout, sa photo s'était étalée à la une des journaux trois jours auparavant, et son déguisement ne pouvait leurrer personne bien longtemps. Une furieuse envie de s'enfuir le saisit.

« Oh ! cela n'a pas d'importance, répondit-il précipitamment. C'est juste un ami. Je le verrai plus tard. »

Il esquissa un sourire crispé en reculant vers la porte, bouscula une femme qui croulait sous une pile de costumes, marmonna une excuse, sourit encore, et fila dans la rue. Les deux gardiens haussèrent les épaules et retournèrent à leurs occupations.

Sur le trottoir, Nicholas maudit son manque de sang-froid. À sa place, Jeremy aurait montré plus d'audace et obtenu gain de cause en improvisant n'importe quelle fable. Nicholas, lui, s'était laissé refouler et avait gâché sa seule chance de retrouver son frère. Accablé, il s'adossa contre le mur où était placardée l'affiche du spectacle qui allait débuter dans moins d'une heure :

LES ENFANTS DE DIEU
Une célébration du Nouveau Testament
mis en scène, en musique et en chansons.
Un spectacle familial
présenté par
EVELYN CARNITT

À côté, figurait une photo du spectacle montrant un acteur déguisé en Jésus-Christ, juché sur un âne, et entouré d'enfants surpris la bouche ouverte, au moment où ils s'apprêtaient à chanter.

Cela donna une idée à Nicholas. Si des enfants jouaient dans le spectacle, pourquoi ne se ferait-il pas passer pour l'un d'entre eux ? Il ôta ses lunettes, brossa ses cheveux en avant. Il entrerait d'une démarche naturelle, ferait semblant de savoir où il allait et, si quelqu'un l'arrêtait, prétendrait être une doublure et se dirigerait vers les coulisses.

Il devait agir vite, s'il voulait saisir sa dernière chance de trouver Worm à l'intérieur du théâtre. Mais Nicholas n'eut pas besoin de jouer la comédie. Quand il se présenta à nouveau à l'entrée des artistes, les deux gardiens avaient fort à faire avec un énorme bouquet de fleurs destiné à Mme Carnitt, la productrice du spectacle. Un autre groupe de personnes – parmi lesquelles trois ou quatre enfants – poussèrent la porte en discutant avec animation et Nicholas leur emboîta le pas dans l'ascenseur qui faisait face à la cage vitrée du concierge. Les deux gardiens ne tournèrent même pas la tête et la porte de l'ascenseur se referma. Au mouvement de la cabine, Nicholas comprit qu'il descendait. Le groupe d'artistes sortit au premier arrêt pour se diriger vers les loges et Nicholas pressa le bouton du dernier sous-sol. Puisque le gardien avait précisé que Worm était « descendu à la régie de scène », autant descendre jusqu'en bas.

C'est ainsi qu'il se retrouva dans un long couloir faiblement éclairé, avec, à l'une des extrémités, une porte. Nicholas tenta d'abord sa chance de ce côté mais la porte était verrouillée. Il rebroussa chemin. Le corridor était nu, à l'exception d'un poste d'incendie et d'une flèche indiquant le Foyer des Musiciens. Il n'y avait personne en vue. À mi-parcours, il croisa une cage d'escalier où résonnaient des bruits de pas et des voix masculines. Il pressa l'allure et se dissimula dans un renfoncement juste au moment où débouchaient trois individus, dont l'un était chargé d'une caisse métallique. Ils marquèrent une pause au bas des marches, lancèrent quelques plaisanteries, et s'éloignèrent vers la porte que Nicholas avait trouvée fermée.

Un autre petit escalier montait sur la droite, après le coude du couloir, juste à côté d'une seconde porte, elle aussi fermée à clef. Nicholas grimpa quelques marches et déboucha dans un nouveau couloir, très large, encombré par une rangée de caisses à claire-voie. Dans l'une d'elles, un chameau sembla lui cligner de l'œil. Un chameau ? En s'approchant, Nicholas découvrit un chameau empaillé, grandeur nature, si ressemblant qu'il paraissait vivant.

« ... alors le type se tourne vers le gorille et lui dit... »

Deux des hommes entrevus un instant plus tôt venaient dans sa direction. Nicholas se glissa précipitamment derrière une caisse et les vit passer devant lui avant de disparaître dans un passage voûté. Il patienta un long moment puis reprit sa progression dans le couloir, sous les ampoules nues du plafond qui rythmaient ses pas. Si le premier couloir ressemblait à celui d'un hôpital, celui-là faisait penser à une bien curieuse usine. Face à la rangée de caisses, courait une palissade métallique. Nicholas l'enjamba sans grandes difficultés et découvrit un espace ouvert, de la taille d'une piscine. Si c'était cela la régie, la mise en scène devait être bien compliquée. Un entrelacs de tuyaux et de câbles particulièrement embrouillés parcourait le sol, certains fins, d'autres plus gros, raccordés aux intersections par des volants orange qui rappelaient des gouvernails de navire. Des poutrelles grises ou jaunes se dressaient à intervalles réguliers, comme des piquets de tente, ainsi que six sommiers métalliques (du moins ces socles ressemblaient-ils à des lits), montés sur d'énormes ressorts encastrés dans la dalle de béton. Autour des lits, des tringles dorées et lisses surgissaient du sol pour se perdre très haut dans le plafond fait de poutres de fer et d'entretoises de bois. Sur les bords, pendaient de grands rideaux noirs et des rouleaux de câbles. Une rangée de spots fixés au sol éclairait la salle et projetait une étrange lumière sur cette machinerie silencieuse.

Soudain, des bruits de voix parvinrent à Nicholas, bien qu'il n'y eût personne en vue. Le son semblait sortir du sol. Il s'approcha avec précaution. L'une des voix lui était familière, nasale et haut perchée. Il l'avait entendue une fois, dans la loge de l'hypnotiseur au Théâtre de la Comédie.

« ... ça vient de Montréal.

— Quatre-vingts kilos ?

— Exact. »

Une trappe munie d'une échelle de fer s'ouvrait dans le sol. Nicholas s'allongea au bord du trou pour jeter un coup d'œil. La salle où se tenaient les deux hommes n'aurait pas déparé dans un sous-marin : longue, étroite, sans fenêtres, avec des tuyaux courant au plafond. Elle était en partie occupée par des armoires métalliques, un bureau, une banquette, et par une console de valves, de manettes, de fusibles.

Albert Worm, perché sur un coin du bureau, se curait le nez à l'aide d'un crayon. Nicholas ne distinguait pas l'homme qui semblait lui faire face, et qui parlait avec un accent espagnol.

« Quatre-vingts kilos, répéta-t-il en roulant les R. Et purs à quatre-vingt-dix pour cent.

— Tu connais les fournisseurs ? questionna Worm.

— Oui, tu peux leur faire confiance.

— Ce sera le dernier approvisionnement, nous allons bientôt déménager, remarqua Worm en croisant les jambes.

— Comme tu voudras, amigo.

— C'est d'accord. Arrange le rendez-vous pour demain dans la nuit, vers une heure, à Fulton. Sécurité habituelle. »

Nicholas se rejeta brusquement en arrière en apercevant Worm quitter sa place pour se diriger vers l'échelle. Que signifiait cette conversation ? Quelque chose qui pesait quatre-vingts kilos devait arriver de Montréal demain soir, et Worm irait en prendre livraison dans un endroit appelé Fulton. Tout cela n'avait aucun rapport avec Jeremy et il en éprouva une cruelle déception. Il lui restait néanmoins une petite chance en suivant Worm, aussi se dissimula-t-il dans un coin sombre. Worm émergea de la trappe, bientôt suivi de son compagnon. Les deux hommes se serrèrent la main avant de s'éloigner, chacun de son côté.

Plaqué contre la paroi, Nicholas sentait une corniche lui meurtrir l'épaule. En se penchant pour épier Worm, il heurta une vis branlante qui roula à terre avant qu'il ait le temps de la rattraper. Le bruit, pourtant imperceptible, éclata dans le silence comme un coup de tonnerre. Worm dut l'entendre car il s'arrêta brusquement pour scruter l'obscurité. Nicholas frissonna en le voyant esquisser un pas dans sa direction, mais Worm se ravisa, haussa les épaules, et poursuivit son chemin.

Nicholas patienta une bonne minute avant de lui emboîter le pas. Sans doute existait-il, dans le fond de la salle, une sortie qui rejoignait le couloir et que la pénombre lui avait cachée ? Pourtant, il ne distinguait pas la moindre ouverture dans le mur de briques. Par où avait disparu Worm ? La faible lumière tremblotante d'une ampoule jetait une ombre noire sur le mur. Nicholas réalisa trop tard que cette ombre n'était pas la sienne. Alerté par le bruit de la vis, Worm s'était méfié et lui avait délibérément tendu un piège en l'attirant dans ce cul-de-sac.

Le coup l'atteignit dans les côtes, juste sous l'épaule, et le projeta contre un pilier. Worm l'avait frappé des deux pieds en prenant appui sur le lit de fer derrière lequel il s'était caché. Un bel exercice acrobatique, aussi impressionnant que dangereux. Nicholas s'écroula contre le pilier tandis que son adversaire marchait sur lui, courbé en deux comme un orang-outan, un sourire mauvais aux lèvres, ses mèches graisseuses lui tombant sur la figure.

« Un espion ! ricana-t-il. Un petit malin qui écoute aux portes ! »

De ses longues mains, aussi dures qu'un étau, il souleva Nicholas par sa chemise avec la même aisance que s'il s'était agi d'un sac de plumes, et approcha son visage pour l'examiner.

« Nicholas Helsey ! Ce cher petit Nicholas ! » grimaça-t-il avec un horrible rictus.

Et Nicholas voltigea en l'air à travers un amas de manettes et de tuyaux. Les bras repliés sur la tête, il finit par atterrir brutalement au milieu d'un enchevêtrement de câbles, le corps désarticulé, complètement étourdi par le choc et aveuglé par les spots qui se trouvaient à quelques centimètres. Terrorisé, il entrevit comme à travers un voile la silhouette courbée de Worm qui l'observait. Il ouvrit la bouche pour crier mais aucun son n'en sortit. Worm allait le tuer, c'était certain. Il avançait d'un pas lent, implacable, comme s'il cherchait à différer l'échéance fatale pour en jouir pleinement, en fredonnant d'une voix grinçante.

Nicholas sentait un objet dur lui meurtrir les reins. Il tira et ramena une grosse tenaille, probablement oubliée là par un machiniste. Quand Worm se pencha sur lui les poings levés, il brandit son arme improvisée et l'assena de toutes ses forces en plein dans son estomac.

Un homme ordinaire aurait probablement succombé sous le choc, mais une armure de muscles protégeait Worm. Il se contenta de pousser un petit cri de douleur et, surpris, recula puis trébucha sur une valve. Sans savoir comment, Nicholas trouva la force de se relever et brandit la tenaille au-dessus du tueur qui était renversé sur le dos, une jambe repliée sous lui.

« Attends ! s'écria-t-il d'une voix implorante. Tu... tu veux retrouver ton frère, n'est-ce pas ? Je peux t'aider.

— Où est Jeremy ? Qu'avez-vous fait de lui ?

— Il est là, tout près... Attends.

— Répondez-moi ! s'impatienta Nicholas.

— Ton frère est ici », geignit Worm en tendant la main vers la droite.

Nicholas suivit son geste des yeux. Là encore, il comprit trop tard qu'il s'agissait d'une ruse et ne réagit pas assez vite. En même temps qu'il tendait la main, Worm, d'un coup de pied fulgurant, frappa le poignet de Nicholas qui lâcha la tenaille. Aussitôt, la brute bondit sur lui et lui assena une volée de coups de poing. Nicholas glissa le long du mur, les jambes molles, la tête ballante, encore conscient mais incapable de se défendre. Worm s'arrêta un instant, le temps de reprendre son souffle, puis l'empoigna pour le traîner vers le milieu de la salle et le jeter sur l'un des lits de fer. La surface pourtant très dure lui parut aussi moelleuse qu'un véritable sommier. Il aurait aimé pouvoir y dormir en paix.

Worm l'abandonna quelques instants avant de revenir avec un rouleau de fil de fer et un épais morceau de tissu. Trop faible pour bouger, Nicholas se laissa bâillonner. Le chiffon que Worm lui enfonça dans la bouche avait un goût de cambouis. Il eut beau secouer la tête, Worm encercla le bâillon avec le fil de fer pour l'attacher aux ressorts, lui bloquant ainsi la nuque et lui interdisant de se relever. Satisfait, Worm se pencha sur lui.

« Tu as osé me frapper, Helsey, mais tu vas me le payer. Regarde bien le plafond. C'est la scène du théâtre. Le spectacle ne va pas tarder à commencer. Aux changements de décors, le plateau va descendre, lentement... pour venir se poser sur ces ressorts qui lui servent de supports. Tu mourras écrasé par une scène qui pèse cinquante tonnes, mon cher Nicholas. Ce qui restera de toi, on le ramassera à la petite cuiller. »

Nicholas voulut protester, remuer la tête, mais le

fil de fer était trop serré et le moindre mouvement lui enfonçait un peu plus le bâillon dans la bouche. Il suffoquait.

« Tu vas mourir, Helsey, ricana Worm. Tu verras la mort approcher lentement, si lentement que tu l'accueilleras avec soulagement. »

Après un dernier coup d'œil satisfait au corps prostré de sa victime, Worm disparut par la trappe. Quelque part au-dessus du plafond, l'orchestre attaqua l'ouverture. Le spectacle commençait.

8

Terreur sous la scène

Aucune scène au monde ne ressemble à celle du Radio City Music Hall. Elle est divisée en trois sections capables de monter ou de descendre de façon autonome et à volonté, comme des ascenseurs géants. Mais combien d'ascenseurs faudrait-il pour soutenir le poids d'un orchestre de trente-six musiciens et deux pianos à queue ? Pour le plateau du Radio City, c'est une bagatelle.

Outre la possibilité de modifier les niveaux, le centre de la scène peut également pivoter sur un axe. Le mécanisme est manœuvré par un technicien posté dans une petite salle de commande au sous-sol, et relié par radio à la régie générale.

Les changements de décors peuvent s'effectuer au niveau normal de la scène, derrière le rideau baissé, par une armée de machinistes prêts à intervenir à tout moment, ou bien trente pieds au-dessous, lorsque la scène repose sur les énormes ressorts. Même à vide, les trois sections réunies pèsent deux cents tonnes : c'est dire la résistance de ces étranges « lits » de fer.

Et c'était sur l'un de ces sommiers que gisait Nicholas.

À présent, son corps tout entier le faisait souffrir. Il pouvait à peine bouger le bras gauche, et le moindre mouvement provoquait une douleur fulgurante qui lui déchirait la poitrine, au point qu'il craignait d'avoir des côtes brisées. Sa chemise était moite de sueur, ou peut-être de sang, il ne pouvait vérifier car son bâillon l'obligeait à garder la tête droite.

Les dernières menaces de Worm lui étaient parvenues comme à travers un brouillard et il en avait mal saisi le sens. Un tonnerre d'applaudissements ponctua la dernière note de musique et la partie centrale du plafond se mit alors à tourner sur elle-même avec un grincement. Nicholas se força à respirer profondément pour ranimer sa cage thoracique endolorie, et ce fut seulement lorsqu'une autre partie du plafond commença à descendre qu'il prit conscience du terrible danger qui le guettait.

Il y eut un bourdonnement, un cliquetis, puis toute la machinerie s'anima. Les leviers jaunes et gris entrèrent en action, les barres de fer courant le long de la scène commencèrent à pivoter, les poulies à tourner, les câbles à s'enrouler, les rideaux à se déplier comme une jupe. La moitié de la scène entamait son implacable descente vers les lits prêts à la recevoir.

Nicholas discernait maintenant une ouverture géante dans le plafond. Les projecteurs éclairaient les décors restant à niveau. En revanche, nulle lumière ne filtrait des soubassements grâce aux rideaux noirs qui se dépliaient sur les bords. Un homme passa en courant sur une passerelle, à mi-chemin entre Nicholas et la scène. Nicholas ne vit de lui qu'une paire de jambes. Même s'il avait pu crier, le machiniste n'aurait pu l'apercevoir dans le coin sombre où il se trouvait.

Le mécanisme cliqueta à nouveau : la section qui descendait remonta tandis qu'une autre s'abaissait à son tour, pour se stabiliser à mi-parcours. Trois sections, avait précisé Worm. Désormais, Nicholas pouvait les distinguer nettement. La troisième se situait juste au-dessus de lui.

Saisi de panique, il tenta de se débattre. Mais Worm avait tout prévu. Même en se tordant de tous côtés, il ne pouvait ni atteindre le nœud du fil de fer, ni le glisser par-dessus sa tête. Si son corps restait libre, sa nuque était soudée au sommier.

Tel un animal pris au piège, il tenta de tirer sur ses liens, ne réussissant qu'à se meurtrir davantage les mains et les lèvres. Loin au-dessus, le public applaudissait. Nicholas sentait la folie le gagner. Sa mort n'était plus qu'une question de minutes.

« Désolé, madame, vous n'avez pas le droit d'entrer. »

Un homme bloquait le passage à Linda, celui-là même qui avait intercepté Nicholas. Son collègue était là, lui aussi, en train de mordre dans un sandwich qu'il venait juste de déballer. Vingt minutes s'étaient écoulées depuis le coup de téléphone de Nicholas. Beaucoup trop longtemps.

Linda observait les deux gardiens d'un œil furibond. Si elle avait écrit l'histoire, jamais elle n'aurait imaginé l'intervention de gardes, mais ce n'était pas un roman et les deux hommes étaient bien réels. Que faire ? La salle étant comble, les guichets avaient fermé. Impossible, donc, d'entrer dans le théâtre en achetant un billet.

« Je cherche mon neveu, plaida-t-elle avec un sourire aimable. Il a quatorze ans, des cheveux bruns et des lunettes. »

Le garde au sandwich leva la tête, la bouche prête à mordre.

« Il était là tout à l'heure, madame. Il disait qu'il cherchait un ami.

— Il est entré ?

— Sûrement pas !

— Nous ne laissons personne entrer ici sans autorisation, expliqua son collègue. Votre neveu est ressorti dans la rue. Vous le trouverez probablement sur le trottoir.

— Je ne l'ai pas vu.

— Eh bien, regardez mieux », rétorqua-t-il sèchement.

Linda se résigna à rebrousser chemin. Elle s'arrêta devant l'affiche que Nicholas avait contemplée un moment auparavant. Bientôt trois heures. À en croire l'affiche, le spectacle se terminait vers seize heures quinze. Peut-être Nicholas avait-il tout simplement acheté un billet ? Dans ce cas, mieux valait l'attendre ici.

Nicholas vit, impuissant, la troisième section de la scène commencer à descendre. À en juger d'après les rotations précédentes, il fallait environ quarante secondes au plateau pour atteindre le sol. Il lui restait donc quarante secondes à vivre.

La masse s'abaissa, effrayante. Il ne voyait qu'elle.

Puis les leviers et les poulies se bloquèrent, stoppant la plate-forme à quatre mètres au-dessus de lui, sans doute en raison d'un mouvement particulier de scène. Ce faux répit lui fit perdre tout contrôle. Il se sentait devenir fou. Mais il parvint à se ressaisir et vit avec soulagement le panneau remonter. Il ferma les yeux, et se mit à penser très fort à Jeremy. Jeremy avait besoin de lui. Il devait le secourir, trouver un moyen de s'échapper. Si seulement il en avait le pouvoir...

Le pouvoir ? Bien sûr, son corps était impuissant, mais pas son esprit ! Et n'en avait-il pas expérimenté de nouvelles ressources, cette fameuse nuit, dans l'appartement de Linda ? S'il était parvenu à établir le contact avec Jeremy, pourquoi ne pas essayer avec Linda qui devait certainement se trouver à proximité ?

Jusque-là, Nicholas avait toujours considéré ses échanges avec Jeremy comme des communications téléphoniques entre deux interlocuteurs privilégiés et n'avait jamais envisagé d'établir la liaison avec une tierce personne. Il lui fallait tenter de se concentrer.

Tâche très difficile, bien sûr, compte tenu de l'endroit où il se trouvait, de la peur qui le tenaillait, et de l'excitation qui l'agitait. Il fallait oublier tout cela. Subitement, la machinerie se tut. Les trois sections de la scène s'étaient immobilisées.

Nicholas ferma les yeux et lança mentalement un signal de détresse.

Linda s'était assise devant une boutique de produits diététiques, dans la 52e Rue, en face du Radio City, un gobelet de tisane de gland à la main et un beignet de figue sèche en équilibre sur son genou. Le soleil était chaud et elle n'avait d'autre solution qu'attendre Nicholas, qui ressortirait bientôt du théâtre, peut-être avec de bonnes nouvelles. Rassérénée, elle mordit avec appétit dans son beignet tout chaud.

« *Linda ?*

— Oui ? »

La voix semblait venir de derrière elle, juste dans son dos. Linda se retourna, croyant découvrir Nicholas, mais il n'y avait personne. Décidément, son imagination lui jouait des tours. Comment aurait-elle pu percevoir un simple murmure au milieu d'un tel brouhaha ?

« *Linda ?* »

Encore ce murmure. Non, la voix ne provenait pas de l'extérieur, mais de l'intérieur d'elle-même, dans sa tête.

« Nicholas ? chuchota-t-elle en frissonnant.

— *Aidez-moi, Linda. Je vous en supplie.*

— Où es-tu, Nicholas ? Que se passe-t-il ? »

La voyant parler toute seule, les passants décrivaient un cercle pour l'éviter. Mais Linda ne leur prêtait aucune attention, elle n'entendait plus les bruits de la circulation, mais seulement cette voix qui murmurait dans sa tête.

« *Linda, je suis dans les sous-sols du Radio City. Sous la scène. Venez vite.* »

La jeune femme se leva d'un bond. Elle scruta les alentours, certaine de découvrir Nicholas caché dans un coin. Une brave dame qu'elle bouscula s'écarta en poussant un cri. Sous la scène du Radio City ?

« *Venez à mon secours, Linda. Vite !* »

Linda traversa la rue en courant vers l'entrée des artistes. Elle ne chercha même pas à comprendre ce qui se passait. Seul importait de pénétrer dans le théâtre. Les explications viendraient plus tard. Un seul des deux gardiens surveillait l'entrée. Elle se planta devant lui, cherchant une excuse.

« Écoutez, madame, je vous ai déjà dit...

— *Linda !* » reprit la voix intérieure.

S'apercevant qu'elle tenait toujours son gobelet de tisane à la main, Linda le jeta à la figure du gardien. Le liquide n'était pas assez chaud pour le brûler mais l'homme recula sous l'assaut. Sans perdre une seconde, la jeune femme s'élança dans l'escalier et dévala deux étages, jusqu'à un corridor faiblement éclairé. Une chose incroyable se passait en elle, comme si sa vue se dédoublait. D'une part elle voyait le couloir, le poste d'incendie, la flèche indiquant le Foyer des Musiciens, de l'autre elle distinguait des tuyaux, des valves, des poulies, ainsi que d'étranges piliers. Elle fit un pas de côté, craignant de heurter un des piliers, mais le pilier n'était pas là, il se trouvait tout à côté de Nicholas. Par un étrange phénomène, les deux images se superposaient.

Elle monta quelques marches, dépassa le chameau empaillé, et arriva à la salle de machinerie dont elle reconnut les installations. Nicholas ne devait plus être loin.

« *Dans le coin, Linda. Venez par ici.* »

Linda s'enfonça dans la pénombre et découvrit un corps allongé sur un curieux support métallique. Au même instant, se produisit un déclic et elle leva instinctivement les yeux. Le plafond était en train de s'abaisser.

« *Vite, Linda. Vite ! Vite !* »

Nicholas lui aussi avait entendu la machinerie s'animer. Il ouvrit les yeux. La troisième section de la scène descendait lentement, centimètre par centimètre. Une fois encore, son ombre l'engloutit. Il espéra que le panneau allait s'arrêter en cours de route, comme la première fois, mais il poursuivit sa descente inexorable, emplissant intégralement son angle de vision. Nicholas sentait la sueur lui couler dans le cou. Le plateau n'était plus qu'à trois mètres... Encore dix secondes avant la fin.

Nicholas hurla, sans émettre un seul son, le corps paralysé, les mains agrippées aux rebords du matelas de ressorts, la bouche cisaillée par le fil de fer, les yeux fixés sur la masse noire qui sombrait sur lui.

Puis il sentit quelqu'un tirer sur le fil de fer. Il ne voyait plus rien, sauf le plafond qui approchait. Deux mètres... un mètre cinquante... son bâillon tomba, et deux mains l'arrachèrent du lit pour le plaquer au sol, juste au moment où la scène s'écrasait sur les ressorts avec un terrible grincement qui retentit à ses oreilles comme une explosion. En levant la main il pouvait toucher le panneau sur son lit de fer. Il était vivant. Linda le berçait dans ses bras.

Ils demeurèrent ainsi un temps interminable, aplatis sur le plancher, incapables de bouger. Enfin, la machinerie s'anima à nouveau et le plateau remonta au niveau des deux autres. Linda se redressa aussitôt et tira Nicholas jusqu'au mur.

« Merci, murmura-t-il d'une voix étouffée.

— Nicholas ! Que t'est-il arrivé ? » s'exclama la jeune femme en écartant gentiment une mèche de son front.

Un œil cerclé de noir, les lèvres enflées et meurtries, le corps en sueur, et un bras couvert d'hématomes, il ressemblait à une poupée de chiffon passée à la moulinette.

« Worm, grimaça-t-il. C'était bien lui.

— Il t'a à moitié tué !

— À moitié seulement ? parvint-il à sourire. J'ai réussi, Linda. J'ai réussi à communiquer avec vous.

— Oui. C'était si étrange...

— Je n'y étais jamais parvenu auparavant. Mon pouvoir devient de plus en plus fort.

— J'ai faussé compagnie au gardien de l'entrée, reprit Linda avec un coup d'œil inquiet. Nous ferions mieux de filer en vitesse. Tu pourras marcher ?

— Je crois. »

Linda l'aida à se remettre debout. Il vacilla un peu, les jambes faibles, mais à présent, le pire était passé, et ses contusions lui semblaient moins graves qu'il ne l'avait craint. Malgré les coups qu'il avait reçus, il se sentait à peu près capable d'avancer. Grimper à l'échelle lui parut néanmoins aussi ardu que d'escalader l'Everest et Linda suivait, pour l'empêcher de tomber.

Le silence était revenu. Le spectacle devait toucher à sa fin. Nicholas gravit les barreaux un à un, assurant sa prise avant de passer au suivant. Jamais il ne s'était senti aussi épuisé. Une fois en haut, il se retourna pour attendre Linda. Il vit sa tête émerger puis disparaître subitement. Devinant une présence, il fit volte-face et se retrouva nez à nez avec le gardien qui épongeait encore ses cheveux mouillés de tisane.

Trois hommes l'accompagnaient, dont un policier en uniforme qui dégaina son arme.

Linda se résigna à les rejoindre et posa une main réconfortante sur l'épaule de Nicholas.

« J'ignore ce que vous faites dans cet endroit, mais vous allez tous les deux m'accompagner au poste de police », lança le policier.

9

La Coupe d'or

Nicholas et Linda regagnèrent le hall sous bonne escorte : un garde devant, un derrière, et un de chaque côté. Pourtant ils ne risquaient pas de s'enfuir. Nicholas pouvait à peine marcher et devait s'appuyer sur Linda. Celle-ci avait bien tenté de donner des explications raisonnables aux quatre hommes mais sans aucun succès. Nicholas courait le risque d'être reconnu d'une minute à l'autre. Il avait perdu ses lunettes dans la bagarre et la transpiration avait délavé la teinture de ses cheveux qui s'égouttait sur son col de chemise. Ses multiples contusions n'avaient soulevé aucun commentaire, mais à la façon dont les quatre hommes louchaient méchamment vers Linda, il était évident qu'ils la tenaient pour responsable.

Une voiture de police stationnait le long du trottoir, devant l'entrée des artistes, le girophare clignotant, et un second policier ouvrait déjà la portière pour les accueillir.

« Une minute ! protesta Linda en s'arrêtant net dans le hall. Nous ne sommes pas des criminels ! Qu'avons-nous fait de mal ?

— Vous avez pénétré dans les coulisses du théâtre sans autorisation, répliqua le policier.

— Et vous m'avez agressé, renchérit le gardien... Avec un gobelet de tisane.

— Vous ne comprenez pas, je...

— Vous aurez tout le temps de nous expliquer votre histoire au commissariat », la coupa le policier en la poussant vers la sortie.

À cet instant, la sonnerie du téléphone retentit dans la loge. Le gardien s'y précipita tandis que Linda s'obstinait toujours à résister au policier. Une fois Nicholas au commissariat, elle savait qu'il n'en ressortirait plus.

« Oui, madame Carnitt, nous les avons rattrapés, disait le gardien au téléphone.

— Avancez, madame, et toi aussi, mon garçon, insistait le policier.

— Vous commettez une erreur », plaida Linda.

Le gardien reparut alors, sans même prendre la

peine de raccrocher le téléphone. Il fronçait les sourcils d'un air perplexe.

« Vous pouvez les relâcher, lança-t-il au policier.

— Mais je croyais...

— Tout est en ordre. Nous ne portons pas plainte contre eux.

— Expliquez-vous !

— Mme Carnitt désire leur parler et prend l'entière responsabilité de cet... incident. »

Le nom de Mme Carnitt eut un effet magique sur le policier qui lâcha instantanément le bras de Linda en esquissant un sourire servile.

« Mme Carnitt ? Eh bien... dans ce cas, je suppose qu'il n'y a plus de problème, en effet. C'est quand même curieux, j'ai l'impression d'avoir déjà vu ce garçon quelque part, ajouta-t-il d'un ton pensif. Normalement, je devrais vous arrêter tous les deux. Vous avez de la chance que Mme Carnitt intervienne en votre faveur ! »

Le policier ajusta sa casquette et sortit rejoindre son collègue tandis que le gardien attirait Nicholas et Linda vers l'ascenseur.

« Suivez-moi, vous deux, grommela-t-il.

— Qui est Mme Carnitt ? questionna Nicholas en entrant docilement dans la cabine.

— Tout simplement la femme la plus influente de New York, répondit Linda d'un air perplexe. Entre autres choses, elle est la productrice du spectacle du Radio City, *Les Enfants de Dieu*.

— Elle s'occupe de théâtre ?

— Pas exactement. En réalité, elle dirige une œuvre charitable : la Coupe d'or, qui se consacre essentiellement aux enfants déshérités. Hôpitaux, approvisionnement en nourriture dans le tiers-monde, lutte contre les mauvais traitements infligés aux enfants, etc. L'association s'est fondée il y a un an seulement, mais Mme Carnitt a réussi à réunir des millions de dollars. La semaine dernière, elle dînait à la Maison-Blanche ! Il y a un mois, *Time Magazine* lui consacrait sa couverture. C'est une personnalité étonnante.

— Que nous veut-elle, Linda ?

— Dieu seul le sait ! Mais tu as remarqué comme le policier s'est incliné en entendant son nom. Mme Carnitt travaille en liaison avec les autorités pour tous les problèmes de drogue et de délinquance juvénile. On dit qu'elle...

— Nous sommes arrivés », la coupa le gardien en les précédant dans un couloir tapissé d'une épaisse moquette.

Il s'arrêta devant une lourde porte et frappa un coup bref.

« Entrez ! lança une voix à l'intérieur.

— Les voilà, madame Carnitt, annonça-t-il en entrant.

— Merci, John. Tout va bien ?

— Je pense, oui, madame Carnitt.

— Parfait. Faites-les entrer et laissez-nous. »

Le gardien s'exécuta et, après un dernier regard vengeur à l'adresse de Linda, referma doucement la porte derrière eux.

La pièce était spacieuse, meublée à l'ancienne, avec des sièges de bois sombre capitonnés de soie, un mur couvert de classeurs et de dossiers, un autre de livres reliés. Des doubles rideaux de velours bleu encadraient les deux fenêtres qui donnaient sur la 6e Avenue. Tous les objets semblaient précieux : des tableaux qui ornaient les murs au vase de cristal taillé rempli de fleurs, posé sur le bureau derrière lequel se tenait Mme Carnitt.

C'était la femme la plus extraordinaire que Nicholas eût jamais rencontrée. Elle portait une robe jaune vif et noire avec un foulard noir noué autour du cou. Des grappes de petites boules d'or pendaient à ses oreilles, assorties à son bracelet. Ses cheveux, très noirs eux aussi, étaient plaqués sur son front mais retombaient librement en arrière. Le noir de ses yeux était encore renforcé par le maquillage de ses paupières, au point qu'on distinguait à peine les pupilles. L'épilation de ses sourcils accentuait la cruauté de son expression. En contraste avec la pâleur de son teint, le maquillage outrancier et sombre lui donnait un air un peu démoniaque. Le rouge carmin de ses lèvres et de ses ongles rappelait le sang des antiques sacrifices.

« Cette femme est le diable », pensa Nicholas au premier regard. Puis, lorsqu'elle sourit et les invita d'un geste à s'asseoir, il se rappela les paroles de Linda sur ses activités charitables et se sentit honteux. Après tout, sans l'intervention de cette femme, il se trouverait en ce moment même en prison.

« Comment vous sentez-vous, jeune homme ? s'enquit Mme Carnitt d'un ton compatissant.

— Mieux, merci.

— Et vous, ma chère ? poursuivit-elle à l'adresse de Linda. On me dit que vous avez agressé un gardien et pénétré dans le théâtre sans autorisation. Qu'avez-vous à dire pour votre défense ?

— Je cherchais N... mon neveu.

— Merci d'avoir intercédé en notre faveur, intervint vivement Nicholas. On allait nous arrêter.

— Je suppose que vous cherchiez à entrer en fraude pour assister au spectacle ? Parfois, les meilleurs motifs poussent à commettre des fautes. Comment pouvais-je laisser arrêter quelqu'un qui désirait si ardemment entendre la Parole Divine ? remarqua Mme Carnitt en levant une main soigneusement manucurée.

— Eh bien... ce n'était pas exactement la raison, avoua Linda d'un ton embarrassé.

— Expliquez-vous, mon enfant. »

Linda jeta un rapide coup d'œil vers Nicholas. Il ne parvenait pas à se défaire de la méfiance instinctive que lui inspirait cette étrange femme mais Linda semblait beaucoup moins réticente. Elle s'était trop longtemps débattue seule et voyait en Mme Carnitt une alliée potentielle et très puissante. Aussi se décida-t-elle à lui conter toute l'histoire : la mort de Joe Fanelli, ses recherches, les disparitions d'enfants, sa rencontre avec Nicholas, l'enlèvement de Jeremy. Leur nom éveilla une lueur intéressée dans le regard sombre de son interlocutrice. Linda prenait un gros risque car Mme Carnitt pouvait les dénoncer. Toutefois, ses activités charitables et sa réputation inspiraient confiance.

Une fois le récit de Linda terminé, Mme Carnitt garda un silence songeur. Nicholas l'observait, certain que Linda s'était aventurée trop loin.

« C'est une histoire extraordinaire, remarqua enfin Mme Carnitt. Je ne pourrais en croire un seul mot si je n'avais la preuve devant les yeux ! Pauvre Nicholas... C'est bien ce... Worm qui vous a mis dans ce triste état ?

— Oui, madame, c'est lui.

— Quel monstre ! soupira Mme Carnitt en hochant la tête (ce qui eut pour effet de faire teinter ses boucles d'oreilles). Frapper un enfant ! C'est à désespérer des hommes. Mais... peut-être pourrais-je vous aider ?

— De quelle façon ? questionna Nicholas.
— Savez-vous qui je suis ?
— Linda m'en a dit quelques mots.
— En arrivant à New York, j'ai été horrifiée par le vice et la dépravation qui y régnaient. Bien sûr, toutes les grandes métropoles connaissent les mêmes problèmes, mais New York est la plus gravement atteinte. C'est une ville si riche, si splendide pourtant ! Comment tant de gens peuvent-ils vivre dans le ruisseau, au pied de ces gratte-ciel étincelants qui symbolisent le plus pur accomplissement de l'homme ? Personnellement, je n'ai pas d'enfants, mais j'ai décidé d'aider ceux du monde entier, à commencer par ceux des États-Unis. J'ai la chance d'être riche et de pouvoir réunir des fonds un peu partout. Mon organisation s'appelle la Coupe d'or, en référence à un verset de la Bible. »

Mme Carnitt se leva pour extraire un livre de sa bibliothèque. Il s'agissait d'une Bible, enveloppée dans un étui blasonné d'une petite coupe d'or.

« On m'accuse souvent de naïveté, reprit-elle. Toutefois, je reste convaincue que le Livre Saint contient toutes les réponses aux problèmes de la vie. La pollution asphyxie l'humanité, des malheureux restent sans emploi et sans ressources, tandis que des sommes fabuleuses sont consacrées aux armes nucléaires ou autres engins de destruction. La violence règne partout, dans les livres, dans les films.

Or la Bible dit : “Bénis soient ceux qui apportent la paix, car ils sont les enfants de Dieu.”

— Les enfants de Dieu... c’est le titre de votre spectacle, n’est-ce pas ? fit observer Linda.

— C’est exact. Les enfants de Dieu sont l’espoir de l’avenir. J’ai fait le pari que, un jour prochain, chaque petit Américain possédera sa propre Bible, et c’est à cela que je travaille actuellement. J’ai loué le Radio City et monté ce spectacle pour prouver au public que la Bible n’est pas un ouvrage poussiéreux et périmé mais une œuvre riche et vivante qui peut nous secourir. “À chaque enfant sa Bible”, telle est la devise de la Coupe d’or. Tenez, Nicholas, je vous offre celle-ci. Lisez-la et tirez-en joie et enseignements. »

Un peu embarrassé, Nicholas prit l’ouvrage qu’elle lui tendait. Il préférait croire que Linda ne s’était pas trompée sur le compte de Mme Carnitt, pourtant celle-ci n’avait toujours pas répondu à sa question.

« Merci, madame. Je la lirai. Mais... comment m’aidera-t-elle à retrouver Jeremy ?

— J’allais y venir, sourit Mme Carnitt. Je vous ai expliqué mes activités pour vous en montrer l’étendue. Il est évident que je ne serais pas parvenue toute seule à ce résultat. Le Président des États-Unis lui-même a généreusement versé dix mille dollars à la Coupe d’or. Mes démarches m’amènent à rencontrer des centaines de personnes haut placées dans la société américaine. Vous avez eu, tout à l'heure, un aperçu de mon influence sur la police.

— Que suggérez-vous, madame Carnitt ?

— Eh bien... je peux entreprendre une enquête. Vous m'avez expliqué que des enfants dotés de pouvoirs paranormaux disparaissent. Sincèrement, je ne crois pas à l'existence de tels pouvoirs.

— Mais...

— Laissez-moi terminer, coupa Mme Carnitt. Parfois, Dieu réalise de petits miracles que nous aimons nous approprier. Nous appelons phénomènes paranormaux ce que nous ne pouvons scientifiquement expliquer et, personnellement, je préfère la foi à la science. Quoi qu'il en soit, il me suffit de savoir que Jeremy a été enlevé et son oncle assassiné. Je vais passer quelques coups de téléphone et la police, qui ignore les ennuis de Jeremy, va s'intéresser à son cas. J'ai des contacts... un peu partout, croyez-moi. Avant de partir, laissez-moi seulement l'adresse ou le numéro de téléphone où je pourrai vous joindre.

— Impossible, se défendit Nicholas.

— Vous ne me faites pas confiance ? s'étonna Mme Carnitt sans perdre son sourire. Si je désirais vous faire arrêter, cela me serait facile ! Rassurez-vous, Nicholas, vous me semblez un garçon honnête et je crois à votre histoire. Je ne communiquerai pas vos coordonnées à la police. Il est fort probable que je vous appellerai bientôt, et, j'espère, avec de bonnes nouvelles. »

Nicholas était rouge de honte. De son côté, Linda s'empressa de sortir un calepin de son sac et de griffonner son numéro de téléphone sur une page qu'elle déchira pour la remettre à Mme Carnitt.

« Vous pourrez me joindre à ce numéro, madame. En cas d'absence, laissez un message sur le répondeur.

— Je ferai tout mon possible, croyez-moi, promit Mme Carnitt. Et, pendant ce temps, Nicholas, je vous conseille de perfectionner votre déguisement. Je vous ai reconnu dès votre entrée dans mon bureau. Si vous ne vous montrez pas plus prudent, d'autres que moi vous reconnaîtront également ! »

10

Crépuscule à New York

En quittant le Radio City, ils appelèrent un taxi pour rentrer chez Linda. Nicholas était trop fatigué pour marcher, trop épuisé même pour parler. Pendant tout le trajet il garda le regard tourné vers la vitre.

Le taxi passa devant la Citadelle, dont les fenêtres reflétaient les rayons du soleil couchant. Au loin, scintillaient les eaux d'East River qu'enjambait le téléphérique reliant Manhattan à Roosevelt Island. Puis la voiture longea Central Park, qu'à la tombée du jour, les promeneurs commençaient à déserter.

Nicholas ne remarquait guère ce qui défilait sous ses yeux. Quelque chose – il ne parvenait pas à préciser quoi – le tourmentait. Un détail qu'il avait aperçu en chemin et dont une petite voix intérieure ne cessait de lui répéter qu'il était important. Central Park ? La rivière ? Tant pis, cela lui reviendrait sûrement un peu plus tard.

« Pourquoi fais-tu cette tête sinistre ? s'inquiéta Linda.

— À cause de Mme Carnitt.

— Tu n'as pas confiance en elle ? Elle représente pourtant notre unique chance de retrouver Jeremy.

— Comment être certain qu'elle ne me livrera pas à la police ?

— Elle l'aurait fait tout de suite et les policiers nous attendraient déjà sur le pas de la porte ! »

Or, personne ne les attendait. Nicholas profita de ce que Linda préparait à dîner pour se plonger dans un bain chaud. De sa lutte avec Worm, il avait gardé sur son corps de vilaines ecchymoses mais l'eau chaude apaisa ses douleurs et, une fois frictionné, il se sentit mieux.

« Enfile ce peignoir, lui proposa Linda quand il regagna la salle à manger, enveloppé dans une serviette et les cheveux encore mouillés. Il est sûrement trop grand pour toi mais ce sera plus pratique pour te mettre à table.

— C'est le vôtre ?

— Non... à un ami qui l'a oublié ici.

— Il est parti ?

— Oui, il n'appréciait pas ma cuisine.

— Et qu'avez-vous mitonné pour ce soir ?

— Des galettes de sarrasin fourrées de choux et de banane.

— Magnifique », grimaça Nicholas.

Néanmoins, le plat était bien meilleur que sa composition ne le laissait prévoir et Nicholas s'en resservit trois fois. Le dîner terminé, ils s'installèrent au salon devant deux verres de jus de pomme. Dehors, tout était calme. Seul parfois le hurlement d'une sirène de police rappelait que New York ne s'endormait jamais tout à fait.

« Il reste un détail que Mme Carnitt ignore, remarqua Nicholas.

— Lequel ?

— J'ai surpris une conversation entre Worm et un de ses amis, juste avant qu'il ne m'attrape. L'autre s'exprimait avec un fort accent espagnol. Leurs propos n'avaient guère de sens mais...

— Raconte-moi.

— Ils parlaient d'une livraison de marchandise. La dernière, selon Worm. Une chose mystérieuse, pure à quatre-vingt-dix pour cent, qui doit être livrée dans un endroit appelé Fulton, la nuit prochaine à une heure, et qui pèse quatre-vingts kilos. J'ignore de quoi il s'agit.

— Tu as dû mal comprendre le chiffre. Huit kilos peut-être, mais pas quatre-vingts.

— Je suis certain qu'ils ont parlé de quatre-vingts

kilos, Linda. Vous avez une idée de ce que cela signifie ?

— Je le crains, oui, soupira la jeune femme. Manifestement, il s'agit de drogue, Nick.

— De la drogue ?

— Cocaïne, héroïne, ou autre. Je me suis documentée pendant six mois sur ce trafic, pour mon roman. Tout est noté là, dans ce dossier. C'est la seule signification plausible à la conversation que tu as surprise. Plus la drogue est pure, plus elle est chère. Dans les années soixante, la majeure partie de l'héroïne transitait par Montréal pour aboutir à New York. La frontière américano-canadienne mesure plus de mille kilomètres et n'est contrôlée que par deux cents douaniers. C'est la voie la plus utilisée par les trafiquants. Le seul détail qui cloche, c'est le poids. Quatre-vingts kilos, tu te rends compte ?

— Pas vraiment, non, avoua Nicholas.

— Cela représente des millions et des millions de dollars. Et en une seule livraison ! Ce serait le plus grand trafic de toute l'histoire de l'Amérique !

— Moi, c'est autre chose que je ne saisis pas. Que Worm soit impliqué dans un trafic de drogue n'a rien d'étonnant, je le crois capable de tout. En revanche, je ne vois pas le rapport avec Jeremy. Ni avec moi. Nous n'avons rien à voir avec la drogue.

— Huit kilos, murmura Linda d'une voix songeuse.

— Quatre-vingts, insista Nicholas.

— Joe Fanelli a été retrouvé complètement intoxiqué, lui rappela la jeune femme. Il peut donc aussi exister un lien avec ton frère et toi.

— Mais pourquoi ?

— Je ne sais pas. Des adolescents dotés de pouvoirs télépathiques, un trafic de drogue à grande échelle... C'est insensé.

— À moins qu'il ne s'agisse pas de drogue. Worm faisait peut-être allusion à autre chose.

— Inutile de passer la nuit à y réfléchir, nous n'aboutirons à rien, soupira Linda en refermant son dossier. Il est temps de dormir, Nick. Demain, je te ferai rencontrer quelqu'un.

— Qui ?

— Il s'appelle Bob Young et fait partie de la brigade spéciale antidrogue du F.B.I.

— Comment le connaissez-vous ?

— Je l'ai rencontré au cours de mes recherches. Sans son aide, je n'aurais sûrement pas pu écrire mon roman. C'est un homme assez bizarre, mais plein de ressources, et il connaît bien ce dossier.

— Vous avez raison, je ferais mieux de dormir, je tombe de fatigue. Mais je n'arrive toujours pas à imaginer le rapport entre un trafic de drogue et Jeremy.

— Tu y verras plus clair demain.

— Je l'espère. »

Linda installa les couvertures sur le sofa, malgré les protestations de Nicholas, et l'embrassa gentiment sur la joue.

« Bonne nuit, Nick. Oublie tout cela et dors. »

Une fois seul, Nicholas accrocha le peignoir sur un dossier et se recroquevilla sous les couvertures. À peine était-il allongé que le film de la journée se mit à défiler devant ses yeux. Malgré la fatigue, il se força à rester éveillé et à se concentrer, tout comme il l'avait fait au cours de la première nuit. Désormais, cette étrange sensation lui était familière.

Une fois encore, il lui sembla survoler New York, scruter l'obscurité à la recherche du moindre signe de Jeremy : un appel au secours, un murmure, un simple battement de cœur. Mais rien ne se produisit, comme si un abîme s'était creusé entre eux. Nicholas ne découvrit qu'un vide immense et une terrible solitude.

M. Banes descendit le couloir tout blanc, ses talons martelant le carrelage. Il portait un plateau de plastique. Sur le plateau : un pichet de lait, un sandwich et une pomme. Une sentinelle, postée devant une porte en bois, se leva d'un bond et brandit un trousseau de clefs. Maintenant le plateau en équilibre sur son genou, M. Banes augmenta le volume de son sonotone. Le garçon était resté enfermé toute la journée, sa voix risquait de s'être affaiblie.

Un sourire satisfait aux lèvres, M. Banes fit signe au garde qui glissa une clef dans la serrure. Il y eut un cliquetis métallique et l'homme s'effaça pour le laisser entrer. Il émanait du maître de l'île une rigidité qui poussait chacun à s'écarter sur son passage.

« Inutile de refermer à clef, remarqua-t-il.

— Bien, monsieur Banes, murmura le garde.

— Ce jeune homme est notre invité, pas notre prisonnier », ajouta M. Banes avec un clin d'œil ironique.

La porte s'ouvrit sur une pièce carrée, simplement meublée d'un banc poussé contre le mur, d'une petite table en plastique et d'une chaise. Il n'y avait qu'une seule fenêtre, obstruée de barreaux et trop haute pour voir dehors. Une ampoule nue, protégée par un grillage et commandée du couloir, éclairait l'endroit. Murs, sol et plafond étaient matelassés d'un revêtement blanc imitation cuir. M. Banes pouvait appeler cette pièce « chambre d'hôte », pour n'importe quel observateur, elle ressemblait à une cellule capitonnée.

Il déposa le plateau sur la table, attira la chaise pour s'asseoir en face du banc, et tira de sa poche une cigarette noire à filtre doré. Une odeur de roussi s'éleva lorsqu'il l'alluma. Il resta assis un moment sans parler, les yeux fixés sur la forme allongée sur le banc, un vague sourire aux lèvres. Puis il leva le menton et souffla un rond de fumée parfait qui flotta un instant avant de se dissoudre dans un nuage informe.

Quatre jours sur l'île avaient suffi à modifier l'apparence de Jeremy : ses joues s'étaient creusées, on lui avait coupé les cheveux très court, et l'uniforme de la prison (un blue-jean, une chemise bleue avec le numéro 300 inscrit à l'encre noire sur sa poche de poitrine) pendait comme un sac sur son corps amaigri. Un pansement ornait son front, son regard était morne et absent.

« Je t'ai apporté à manger, Jeremy, annonça M. Banes en soufflant un deuxième rond de fumée.

— ...

— Tu dois prendre des forces », insista M. Banes en se penchant pour lui tendre le sandwich.

Jeremy recula craintivement dans l'angle du banc, les genoux relevés sous le menton.

« N'aie pas peur de moi, Jeremy. Je suis ton ami. Je veux m'occuper de toi, j'ai de grands projets en ce qui te concerne. Tu es l'un de nous, maintenant, et nous serons bientôt très fiers de toi. »

Jeremy lui jeta un regard terrifié. Il se revoyait soudain dans la salle des miroirs, ligoté à une chaise, les paupières relevées de force, un bâillon de cuir sur la bouche, des électrodes fixés sur le crâne ; et

M. Banes, penché sur lui, poussait des manettes, pressait des boutons et lui infligeait d'intolérables souffrances. Comment osait-il se prétendre son ami ?

Mais s'agissait-il réellement de M. Banes ? Ses pénibles souvenirs s'emmêlaient confusément. Quelqu'un l'avait martyrisé, c'était certain, or M. Banes lui apportait à manger et lui parlait gentiment. Ce ne pouvait donc être son bourreau. Mais alors... qui ?

« Nicholas, murmura Jeremy d'une voix si faible que M. Banes l'entendit à peine.

— Tu penses à Nicholas ? Mon cher enfant, c'est Nicholas le responsable de tes malheurs. C'est lui qui t'a fait souffrir. Tu ne t'en souviens donc pas ? »

Jeremy ferma les yeux, oppressé par un brusque élancement dont il ne comprenait pas la cause.

« Nicholas t'a trahi, poursuivit M. Banes de sa voix suave. Tu l'as aidé à s'enfuir. Il est monté sur le mur et, quand les hommes sont arrivés sur toi, il n'a même pas tenté de te secourir. Il t'a abandonné pour se sauver. »

Oui, c'était bien ainsi que les choses s'étaient passées. À présent, Jeremy se rappelait la scène. Il avait aidé Nicholas à grimper sur le mur juste avant que les trois hommes se précipitent sur lui. Nicholas, les cheveux au vent, pointait son doigt vers lui pour le narguer, un sourire moqueur aux lèvres. Nicholas riait, d'un rire sonore qui lui résonnait encore dans les oreilles. Nicholas avait tout prémédité depuis le début, il l'avait entraîné dans un piège et l'avait laissé en subir seul les conséquences.

« Nicholas te déteste, reprit M. Banes d'une voix persuasive. Tout le monde te haïssait... ton oncle Don, tes camarades d'école, et même ces soi-disant amis en Angleterre. Et sais-tu pourquoi ils te détestaient, Jeremy ? À cause de ton pouvoir, ce pouvoir que j'ai découvert en toi. Tu étais différent d'eux et tu leur faisais peur. C'est toujours ainsi. Tous les grands hommes de l'histoire se sont heurtés à la jalousie, au mépris, et à la peur de leurs semblables. Et toi, Jeremy, tu deviendras un grand homme. Nous y veillerons. »

En croisant le regard de M. Banes, Jeremy éprouva soudain un immense sentiment de gratitude et d'affection qui lui fit monter les larmes aux yeux. Il s'était trompé, M. Banes ne lui avait jamais causé aucun mal. M. Banes était son ami. Jeremy n'avait jamais eu d'ami avant lui.

« S'il vous plaît, monsieur... Que va-t-il m'arriver ? questionna-t-il à voix basse.

— Nous te ferons de nouveaux traitements, répondit M. Banes en secouant négligemment sa cendre au-dessus du pichet de lait.

— Mais...

— C'est pour ton bien, Jeremy. Nous t'aiderons

à considérer les choses de notre point de vue. C'est le seul moyen de te rendre fort.

— Bien, monsieur.

— Ensuite, lorsque nous te jugerons prêt, tu pourras te joindre à nous. Un jour prochain, Jeremy, nous régirons le monde et tu serviras notre cause. Si tu t'en sens capable, nous t'autoriserons à tuer ton frère. Cela te plairait, n'est-ce pas, Jeremy ?

— Oui, monsieur, cela me plairait », répondit Jeremy en revoyant Nicholas perché sur le mur en train de se moquer de lui.

Nicholas finit par sombrer dans le sommeil... et rêva.

Il se vit debout sur un piton rocheux qui dominait une plage. Les vagues grondaient devant lui, s'acharnant à poursuivre sans relâche un point hors de leur atteinte. Une lune pâle trouait le ciel et se réfléchissait à la surface de la mer. Une brise froide frisait la crête des vagues et soufflait sur le sable. Trois silhouettes immobiles se profilaient sur le rivage, trop éloignées pour qu'il pût distinguer leurs traits.

Soudain, un bruit le fit se retourner : un garçon, du même âge que lui et de la même taille, lui faisait face. Sa présence le réconforta. Il s'était senti bien seul et effrayé sur son rocher. Le visage de ce garçon lui était familier. Avant même de l'entendre parler, il comprit que c'était un ami.

« Qui es-tu ?

— Martin Hopkins, répondit le garçon.

— Martin ?... Est-ce toi dont on parlait dans le journal ?

— Oui... mais c'était ailleurs, dans un autre temps. »

Les vagues se fracassaient de plus en plus violemment contre le rocher et le vent soufflait par rafales. Loin derrière l'horizon, sous le halo pâle de la lune, une masse semblait prendre forme. Nicholas s'enveloppa dans sa veste en frissonnant.

« Nous n'avons pas beaucoup de temps, reprit Martin Hopkins. Écoute-moi, Nicholas, tu es l'un des Cinq. Ainsi que ton frère.

— Jeremy...

— Jeremy souffre. Toi aussi tu souffriras. Mais tu ne dois pas céder. Nous sommes la seule force capable de défendre le monde contre les Anciens.

— Qui sont les Anciens ?

— Les Anciens régnaient au commencement des Temps, quand tout était noir. Ils étaient les créatures des ténèbres. Maintenant ils reviennent, ils veulent te détruire.

— Pourquoi ?

— Cinq personnes les ont vaincus un jour, et cinq autres se dresseront une nouvelle fois contre eux.

C'est la prophétie. Mais ils doivent absolument être cinq. Si l'un succombe, les autres succomberont. Nous ne possédons le pouvoir de vaincre les Anciens qu'à condition d'être réunis.

— Que dois-je faire ?

— Retrouver ton frère... s'il est encore ton frère. Jeremy est tombé entre leurs mains, Nicholas, et Dieu sait ce qu'ils lui ont fait.

— Mais... là-bas, sur la plage, remarqua Nicholas en désignant les trois silhouettes. Eux trois et nous deux, cela fait cinq. Jeremy n'est-il pas parmi eux ?

— Non, Nicholas. Ceci est un autre temps, un autre lieu. Trouve ton frère, Nicholas. Ensuite rejoins-nous.

— Attends ! Martin... »

La tempête éclata brutalement, avec une violence assourdissante. Le tonnerre explosait, le sol tremblait, le ciel se désintégrait, le vent mugissait. Un instant, tout devint blanc. Tout... sauf cette forme gigantesque, à l'horizon, une forme presque humaine, avec des bras qui se tendaient vers lui. Nicholas tomba à genoux. La mer se gonfla, projetant ses vagues noires et furieuses sur le rocher pour le balayer.

Nicholas se réveilla dans le salon de Linda, le front en sueur, frissonnant dans l'air frais du soir. La lumière était allumée et Linda se tenait sur le seuil de sa chambre, drapée dans un peignoir.

« Nicholas ? Que se passe-t-il, Nick ? Tu as crié et...

— Ce n'était rien, Linda, haleta Nicholas. Rien... Juste un mauvais rêve. »

11

La came

Entrer en contact avec l'agent spécial du F.B.I., Bob Young, s'avéra plus compliqué que ne l'avait supposé Linda. Au numéro qu'il lui avait remis à leur dernière rencontre, quelqu'un prétendit d'abord ne pas le connaître, puis accepta de lui passer un certain M. Smith quand elle affirma détenir une information importante. Le soi-disant M. Smith ne se montra guère plus engageant mais se proposa, en l'absence de M. Young, de noter les révélations de Linda. Excédée, celle-ci exigea d'obtenir une entrevue avec Bob Young en personne. Son correspondant promit de la rappeler ultérieurement. Ce qu'il fit vingt minutes plus tard, pour l'informer que M. Young acceptait de la rencontrer, mais à l'endroit et à l'heure de son choix : à une heure de l'après-midi, au dernier étage du World Trade Center.

C'est ainsi que Nicholas et Linda se retrouvèrent en plein ciel, sur la terrasse d'un des plus hauts immeubles du monde.

« Je me demande pourquoi il nous a fixé rendez-vous ici, remarqua Linda d'un air perplexe.

— Peut-être parce qu'il aime le point de vue », suggéra Nicholas.

Le panorama était en effet spectaculaire : les rues et les gratte-ciel de Manhattan s'étiraient jusqu'à l'horizon, où un voile de brume les engloutissait. Au World Trade Center, tout n'était que verre et acier, vert, brun, blanc, noir et argent, et l'immeuble ressemblait à une composition de cristal émergeant d'un gouffre.

Tandis que Nicholas admirait la vue par-dessus le parapet, Linda arpentait la passerelle métallique circulaire. Comme à l'habitude, une foule de touristes armés d'appareils photo se pressaient sur la plate-forme, dans un flot continu déversé par l'escalator qui montait des restaurants et de la boutique de souvenirs, à l'étage au-dessous. Aucun signe de Bob Young. Linda regarda sa montre : une heure dix. Il était en retard.

Elle rejoignit Nicholas et ils restèrent ainsi, côte

à côte, le dos à la ville. Le vent soufflait plus froid que cent sept étages plus bas. Linda s'enveloppa dans son gilet. Nicholas, lui, semblait insensible à la température.

« À quoi penses-tu Nick ?

— À Jeremy, répondit-il lentement. Je sais qui le retient prisonnier et pourquoi. Je sais même où il est séquestré.

— Explique-toi.

— Avez-vous entendu parler des Anciens ?

— Non. Qui est-ce ?

— Des créatures... démoniaques, je suppose. Ils ont enlevé Jeremy parce qu'ils ont peur de lui. Il a le pouvoir de les arrêter.

— Les arrêter de faire quoi ?

— De diriger le monde.

— Nick... tu ne veux pas rentrer te mettre à l'abri ? suggéra Linda en le dévisageant avec inquiétude. Si tu te reposais un peu, tu...

— Je ne suis pas fou, la coupa Nicholas en souriant. Même si j'en ai l'air. C'était mon rêve, la nuit dernière, mais maintenant je ne suis plus certain qu'il s'agissait seulement d'un rêve.

— Jeremy s'est manifesté dans ton rêve ?

— Pas lui, non. Cela se passait dans un autre temps. Hier, en revenant chez vous en taxi, j'ai vu quelque chose de très important. Je suis persuadé que ce détail nous mettra sur la piste de mon frère.

Malheureusement, je n'arrive pas à me rappeler de quoi il s'agissait. J'ai seulement...

— Linda ? »

Un homme s'approchait d'eux : très grand, athlétique, qui aurait pu être beau sans ses fripes de clochard et sa barbe de trois jours, ses cheveux trop longs et ébouriffés, et la crasse de son visage et de ses mains. Malgré son apparence misérable, il avait pourtant le regard vif.

« Bob ? s'exclama Linda. C'est toi ?

— Tu désirais me parler ?

— Nous t'attendons depuis un quart d'heure.

— Je suis arrivé à l'heure mais je tenais à m'assurer que personne ne te suivait. Descendons au restaurant. Je ne serais pas mécontent de manger quelque chose. »

Ils empruntèrent l'escalator et prirent leur tour dans la file qui s'étirait devant le comptoir de la cafétéria. Linda et Nicholas choisirent une salade, mais Bob Young commanda un cheese-burger, des frites, et un milk-shake à la fraise.

« Oui, je sais, sourit Bob en déposant son plateau sur la table. Trop de graisses, d'hydrates de carbone, de calories, et pas assez de vitamines. Et je fume toujours, ajouta-t-il d'un ton moqueur.

— Tu es stupide, marmonna Linda.

— Stupide mais affamé. »

Linda lui présenta Nicholas comme son neveu

et ils commencèrent à déjeuner en silence. Une fois son repas englouti, Bob Young poussa un soupir satisfait et alluma une cigarette. Un touriste déserta la table voisine avec une moue dégoûtée, sans doute incommodé par l'odeur nauséabonde que dégageaient les vêtements crasseux de l'agent du F.B.I.

« Ton roman avance, Linda ?

— Je l'ai achevé.

— Tu as toujours mon peignoir de bain ? »

Linda glissa un coup d'œil vers Nicholas en rougissant.

« Que deviens-tu, Bob ? Pourquoi portes-tu ces horribles vêtements ? Et... tu sens mauvais !

— C'est exprès. Mission de... routine. Pourquoi désirais-tu me voir, Linda ?

— Nous avons besoin de ton aide.

— Je t'écoute. »

Linda lui rapporta la conversation que Nicholas avait surprise la veille, au Radio City, sans toutefois mentionner l'enlèvement de Jeremy ni les mystérieuses disparitions d'enfants. Bob ne l'aurait pas crue et, de toute façon, cela lui semblait inopportun. En revanche, elle lui raconta la bagarre avec Worm et le sauvetage in extremis de Nicholas. D'ailleurs, Bob pouvait lui-même en constater les preuves, sur les lèvres meurtries de Nicholas et l'hématome qui ornait son œil.

Bob l'écouta sans l'interrompre mais tressaillit au nom de Fulton.

« Tu es réellement mêlé à cette affaire, Nicholas ?

— J'en ai peur.

— Et ce n'est pas une de tes inventions, Linda ?

— Non, Bob, c'est la stricte vérité.

— D'accord. Laisse-moi d'abord t'expliquer les grandes lignes de mon travail, Nicholas, et tu comprendras pourquoi je pense que tu as dû te tromper sur le sens de la conversation que tu as saisie entre ces deux hommes.

— Je vous assure...

— Écoute-moi avant de protester. Linda t'a probablement prévenu que je travaille pour le F.B.I., dans le département antidrogue. Tu dois m'imaginer comme une sorte d'espion, pourtant je me consacre essentiellement à des tâches de routine. Très occasionnellement, il m'arrive de m'affubler d'un déguisement comme celui-ci pour effectuer des surveillances rapprochées de trafiquants. Bien... Tu me dis avoir mis le doigt sur un énorme trafic d'héroïne. Que sais-tu de la came, Nicholas ?

— La came ?

— C'est un mot d'argot pour l'héroïne. Il en existe bien d'autres : héro, chnouf, antigel, blanche, cheval, etc. Quel qu'en soit le nom, il n'y a pas de pire danger pour un pays. Les gens redoutent les armes nucléaires, pourtant aujourd'hui la drogue est une menace bien plus réelle. Elle cause autant de morts que la peste au Moyen Age. Tu crois que j'exagère ?

— Non, mais...

— Écoute-moi !... Aux États-Unis seulement, on recense environ cinq cent mille héroïnomanes, dont près de deux cent mille à New York. T'es-tu déjà promené seul, le soir, dans Lower East Side ?

— Non.

— Ne t'y risque pas. C'est l'enfer. On y croise des loques humaines, des drogués qui ont l'air de morts vivants. Au début, ils veulent seulement s'amuser, mais très vite ils ne peuvent plus s'en passer. Ils deviennent fous, au point de tuer pour voler l'argent qui leur permettra d'acheter une dose. Le marché de la drogue est très rentable, Nicholas, et gigantesque ! Tu crois avoir entendu parler de quatre-vingts kilos. Une telle quantité, au prix de vente dans la rue, représente cinq millions de dollars.

— C'est considérable !

— N'est-ce pas ? Vois-tu... l'héroïne pure est coupée, mélangée à de la quinine, du glucose, parfois même à du talc. Le plus souvent, elle est vendue au public avec seulement six et demi pour cent de pureté. Donc, si celle dont tu parles est pure à quatre-vingt-dix pour cent, il faut multiplier le profit par quinze dès le départ. Et, crois-moi, cinq millions de dollars ne sont qu'une goutte d'eau dans l'océan !

— Que représente l'ensemble du trafic ?

— Nul ne le sait exactement, mais on l'estime à cent milliards de dollars par an, seulement en Amérique. Tu imagines, Nicholas ? Cent milliards de dollars ! L'héroïne tue, poursuivit Bob en se passant une main dans les cheveux. Au moment même où nous parlons, quelqu'un est en train de mourir, quelque part, tout seul, d'une mort atroce.

— Pourquoi doutez-vous de ce que j'ai entendu ? s'étonna Nicholas après un silence.

— Je vais t'expliquer pourquoi. Depuis un an, nous avons remarqué un phénomène curieux. La quantité d'héroïne disponible sur le marché s'est tout à coup raréfiée, sans que l'on sache pourquoi. Comme si, subitement, les fournisseurs se mettaient à stocker la marchandise. Or c'est inconcevable, car cela nécessiterait une fortune colossale. Bref, quelle qu'en soit la raison, aucune livraison réellement importante n'a eu lieu depuis une éternité... En tout cas à notre connaissance.

— Le trafic a pu reprendre comme avant, objecta Nicholas.

— Admettons. Mais il reste un autre point, tout aussi illogique. C'est l'itinéraire d'acheminement. Montréal-Fulton, as-tu dit. Fulton est un marché au poisson situé sur le fleuve, c'est-à-dire un lieu d'arrivage. En pleine nuit, un petit bateau peut aller accoster un gros amarré dans le port de New York et revenir débarquer sa marchandise à Fulton. C'est un point de débarquement maritime. Mais venant de Montréal, donc par voie terrestre, c'est absurde ! Où irait l'héroïne, ensuite ?

— Vous disiez qu'il fallait la mélanger.

— Exact. Mais l'opération s'effectue dans le Lower East Side, ou bien dans Harlem. Il suffit d'une table, de quelques sacs de plastique et de manutentionnaires. Une famille pourrait s'en charger. Cela arrive souvent, d'ailleurs. Maintenant tu comprends, Nicholas ? Si tes trafiquants achetaient de l'héroïne en provenance de Montréal, ils n'auraient aucune raison de la faire livrer à Fulton, pour la transporter ensuite ailleurs.

— Bob, Nicholas n'a rien inventé, intervint Linda.

— Je ne doute pas de sa bonne foi, mais je crois qu'il a mal entendu. En revanche, si on a tenté de le tuer, c'est un autre problème. Pourquoi n'avez-vous pas prévenu la police ?

— Je ne peux pas, répondit Nicholas en baissant les yeux.

— D'accord, je ne poserai aucune question, mais si tu veux mon avis, oublie toute cette histoire et quitte New York. Pourquoi n'irais-tu pas à Houston, chez Linda ?

— Si je comprends bien, tu refuses de nous aider, constata Linda.

— Je ne refuse pas, mais je ne peux pas. Désolé. Mon service travaille sur une opération délicate, en ce moment, et je ne peux pas lancer mes hommes sur une piste aussi vague. Fais-moi confiance, Linda, si je voyais le moindre élément solide dans cette affaire, je...

— N'y pense plus, Bob.

— En tout cas... je suis ravi de t'avoir revue, sourit-il en se levant. J'espère bien acheter prochainement un exemplaire de *Jour mortel en avril.*

— Le titre exact est : *Jour mortel de juillet*, rectifia Linda.

— Bon courage pour la suite et appelle-moi dès la sortie en librairie. Ravi d'avoir fait ta connaissance, Nicholas. »

Nicholas et Linda quittèrent le restaurant peu après le départ de Bob Young.

Ils traversèrent l'esplanade du World Trade Center en direction de la station de métro, sans remarquer l'homme qui les suivait des yeux, dissimulé derrière une fontaine.

À peine avaient-ils disparu de sa vue, que Bob Young s'engouffra dans une cabine téléphonique, glissa une pièce dans l'appareil, et composa un numéro sur le cadran.

12

Poisson mort

L'ascenseur « express » de la Citadelle était muni d'un unique bouton, que l'on ne pouvait manœuvrer qu'après avoir introduit une carte magnétique dans la fente située en dessous. La cabine s'élevait alors d'une seule traite et en moins d'une minute jusqu'au dernier étage. Des miroirs couvraient les quatre parois, renvoyant à l'infini l'image de l'homme qui s'y tenait. Il essuyait les paumes moites de ses mains sur son pantalon. L'ascenseur ralentit soudain, s'immobilisa, puis les portes s'ouvrirent et M. Banes en sortit.

Il s'engagea dans un couloir tapissé de tissu gris ; la porte lui faisait face, la seule de l'étage, encadrée de deux panthères d'ébène. La gueule ouverte sur un feulement muet, elles dardaient sur le visiteur un regard hostile.

M. Banes frappa à la porte, essuya une dernière fois ses mains sur son pantalon, et entra.

La pièce, spacieuse, éclairée par une baie vitrée qui semblait dominer le monde, offrait l'image d'un fabuleux tableau vivant. Les rayons du soleil couchant découpaient les cubes des immeubles sur le ciel rougeoyant et le panorama se modifiait à mesure que les milliers de lumières s'allumaient ou s'éteignaient. L'éclair argenté d'un avion décollant de l'aéroport Kennedy zébra le ciel.

Une silhouette assise au bureau se profilait en contre-jour. M. Banes cligna des yeux, aveuglé par le spot braqué sur lui. Immobile et silencieux, il se sentit assez soulagé de ne pas distinguer les traits de son interlocutrice.

« Monsieur Banes, je suis mécontente de vous, annonça la voix dure et impitoyable. Worm n'a pas réussi à tuer le garçon, au Radio City, et je crains que celui-ci n'ait surpris quelques informations concernant notre opération.

— ...

— En outre, il s'est allié à une jeune femme qui semble s'intéresser à nos affaires. Cela doit cesser. Comment se comporte son frère ?

— C'est un sujet difficile, avoua M. Banes d'une

voix contrainte. Après tout ce qu'il a enduré, il se montre encore récalcitrant. C'est incroyable. N'importe quel gamin...

— Jeremy Helsey n'est pas n'importe qui, coupa la voix glaciale. Ne comprenez-vous donc rien ? Son pouvoir dépasse l'imagination.

— Nous progressons, lui assura M. Banes. À sa place, d'autres seraient morts, ou devenus fous. Nous sommes parvenus à vaincre presque toutes ses résistances et il commence à nous voir comme des amis. Encore une séance et...

— Je la superviserai personnellement. Ce soir. Par ailleurs, Worm se tient-il prêt ?

— Bien sûr. C'est la dernière livraison. Dans quatre jours nous pourrons passer à l'action. À ce stade de l'opération, je ne peux me permettre la moindre erreur : les cavaliers seront là cette nuit.

— Je comprends. »

La silhouette se pencha sur le bureau, les bras écartés. L'espace d'une seconde, on aurait cru un crapaud géant accroupi, prêt à bondir.

« Que décidez-vous, pour cette jeune femme ?

— La femme nous importe peu, monsieur Banes. Sans Nicholas Helsey, on la prendra pour une excentrique inoffensive. C'est le garçon qui pose problème. Il est temps de le mettre hors d'état de nuire.

— Quels sont vos ordres ?

— Retournez sur l'île et préparez Jeremy pour la séance de ce soir. Je me charge de son frère, personnellement. »

« Es-tu certain que ce soit une bonne idée ? s'inquiéta Linda.

— Non, mais je n'en trouve pas de meilleure. »

Il était une heure moins le quart, et ils se trouvaient au marché au poisson de Fulton depuis un moment déjà, dissimulés derrière une pile de cageots, dans une rue nauséabonde qui longeait East River. Sur leur gauche, le pont de Brooklyn enjambait les eaux noires du fleuve. Une rampe d'accès, soutenue par de lourds piliers, passait au-dessus de leurs têtes. Un flot de voitures y défilait mais le bruit leur parvenait assourdi. Fulton semblait isolé dans un monde à part.

Le poisson mort. Tout empestait cette abominable odeur : les flaques d'eau, les murs de briques noircies, les détritus, l'air lui-même. De l'autre côté de la rue, se dressaient les entrepôts où l'on pesait et emballait les tonnes de poisson transportées sur l'East River. Derrière, s'élevaient des immeubles blancs et roses de cinq étages d'une douzaine de sociétés commerciales dont les enseignes ornaient les façades : *Smitty's Fillet House, La Roca, East Bay Fish Company...*

L'endroit semblait désert. Mais Linda agrippa soudain le bras de Nicholas pour l'attirer derrière une caisse. Un homme approchait. Il était vêtu d'un blue-jean, d'une chemise et d'un gilet. Il venait du pont de Brooklyn et marchait sous la route aérienne en prenant soin de rester dans l'ombre et de faire le minimum de bruit.

« C'est Worm ? chuchota Linda.

— Je ne sais pas, il n'y a pas assez de lumière. Mais je ne pense pas. Worm est moins grand.

— Et celui-là, tu l'as déjà vu ?

— Non. »

Quel qu'il fût, l'homme s'entourait de précautions pour passer inaperçu. Il avança dans l'obscurité jusqu'au premier entrepôt et s'arrêta, l'oreille aux aguets. Puis il se dissimula derrière un camion garé le long du trottoir, la porte arrière rabattue sur le sol.

« Qu'en penses-tu ? souffla Linda.

— Attendons. »

Il était exactement une heure. Une cloche sonna au loin. Au même instant, deux voitures apparurent, venant de deux directions opposées. Une limousine noire, deux fois plus grande qu'une voiture ordinaire et dotée de vitres teintées, passa devant eux avant de stopper devant l'entrée de l'entrepôt. Le second véhicule vint se garer en face. Trois hommes en descendirent. Deux autres sortant de la limousine les rejoignirent. Parmi ces derniers, Nicholas reconnut Worm.

Son acolyte portait une mallette à la main. Malgré l'obscurité, Nicholas était certain de l'avoir également déjà vu. C'était l'un de leurs poursuivants du Théâtre de la Comédie, celui-là même qui avait assommé Jeremy. Tous les cinq se regroupèrent sans un mot, longèrent le camion en stationnement et pénétrèrent dans l'entrepôt, qui s'illumina quelques instants après. Dans le même temps, l'inconnu que Linda et Nicholas avaient repéré quittait sa cachette pour y entrer à son tour.

« Que fais-tu ? murmura Linda en voyant Nicholas se redresser.

— Nous n'apprendrons rien en restant ici », répondit-il en s'élançant de l'autre côté de la rue.

Linda se résigna à le suivre et ils se dissimulèrent dans l'ombre de la porte pour jeter un coup d'œil. L'entrepôt était étroit et long ; le sol de pierre luisait sous les néons. Balances, baquets, écriteaux, chaînes, pendaient aux traverses métalliques du plafond. Des grillages délimitaient la salle en plusieurs sections, chacune équipée d'une table en fer.

Les cinq hommes se trouvaient dans le fond, en deux groupes, à bonne distance l'un de l'autre. En revanche, on n'apercevait nulle part le mystérieux guetteur. Nicholas et Linda jugèrent plus prudent de rester dans l'ombre. Les hommes conversaient à voix basse. L'un d'eux, un Sud-Américain, ouvrit une petite valise. Worm s'avança, sortit de la valise un sachet rempli de poudre blanche et revint le porter à son compagnon. Celui-ci déchira un coin du sachet et y plongea un doigt boudiné qu'il suça ensuite du bout des lèvres.

« Satisfait ? questionna le Sud-Américain.

— Ça va, répondit Worm.

— Vous avez l'argent ?

— Bien sûr.

— Je suis navré que ce soit notre dernière transaction, señor. Nous avons bien travaillé, ensemble, n'est-ce pas ? Si jamais vous changez d'avis, je serai heureux de...

— C'est la dernière, trancha Worm. La toute dernière. »

Quelque chose dans le ton de Worm fit tressaillir Nicholas, mais le Sud-Américain, lui, se contenta de hausser les épaules.

« Très bien, señor, passons au règlement. »

Worm fit signe à son acolyte qui posa sa propre mallette sur l'une des tables de fer. Il l'ouvrit, le rabat masquant son contenu aux trois hommes, puis glissa lentement la main à l'intérieur.

« Vous désirez compter vous-même, je suppose ? » suggéra Worm.

Linda se raidit, bouche bée. La mallette ne contenait pas d'argent et elle s'en aperçut une fraction de seconde avant le Sud-Américain. Un pistolet mitrailleur à canon scié remplaçait les dollars. L'homme le braqua brusquement sur les trafiquants et fit feu. Les trois hommes tournoyèrent sur eux-mêmes, les bras levés dans une curieuse danse macabre, avant de s'effondrer sur le sol. Linda réprima à grand-peine un hurlement de frayeur. L'aventure se transformait en cauchemar et, s'il les découvrait, Worm ne les laisserait certainement pas partir vivants. Près d'elle, Nicholas était devenu livide. Malgré la puanteur du poisson, une odeur de cordite flottait maintenant dans l'air. Le Sud-Américain poussa un dernier râle.

« Filons d'ici en vitesse », chuchota Nicholas.

Trop tard. Un hors-bord descendant East River venait d'accoster à l'embarcadère de l'entrepôt et son puissant projecteur trouait les ténèbres. Trois hommes sautèrent à quai et coururent vers l'entrée, forçant Linda et Nicholas à se cacher derrière deux tonneaux qui se trouvaient à côté de la porte.

« Tout va bien ? lança l'un des nouveaux venus à Worm.

— On ne peut mieux ! Voici les cadavres de nos amis.

— Et la marchandise ?

— La voilà. »

Il y eut un grognement, suivi d'un raclement : le bruit d'un corps que l'on traînait sur le sol, puis un homme réapparut, portant le Sud-Américain en travers de ses épaules. Tout était parfaitement réglé. Sans aucune hésitation, l'homme transporta son fardeau dans le camion garé le long du trottoir. Il fit de même avec les deux autres morts et, après avoir refermé la porte arrière, il se glissa derrière le volant et démarra. Le camion s'éloigna en bringuebalant.

Worm et son acolyte furent les derniers à quitter les lieux. Ils marquèrent un temps d'arrêt sur le seuil de l'entrepôt, à quelques centimètres des tonneaux derrière lesquels se camouflaient Linda et Nicholas en retenant leur respiration. Un rai de lumière les frôla si près que Nicholas put lire l'heure à sa montre : une heure et quart. Quinze minutes seulement s'étaient écoulées.

Les deux hommes s'éloignèrent tranquillement, Worm portant la valise de « marchandise », son compagnon la mallette contenant son arme.

« La dernière livraison, répéta Worm avec un gloussement sinistre. Dommage que les précédentes nous aient coûté plus cher ! »

Nicholas les vit se diriger vers l'appontement où les attendait le hors-bord. Où se rendaient-ils ? Bob Young leur avait expliqué que Fulton pouvait servir de lieu de déchargement, mais pas d'embarquement. Alors où pouvait bien aller Worm ?

Il se leva avec précaution, dans l'espoir de repérer la direction qu'empruntait le bateau. Il ne fit aucun bruit, Linda non plus, pourtant un craquement résonna dans le silence. Peut-être un chat, ou un rat. Quoi qu'il en soit, Worm l'entendit et fit volte-face, tandis que son complice ouvrait précipitamment sa valise pour en extraire son arme. Mais Worm l'arrêta d'un geste.

« Qui est là ? » lança-t-il d'une voix étonnamment chantante en revenant prudemment sur ses pas.

Nicholas saisit la main de Linda et s'accroupit, prêt à s'enfuir. Mais une ombre passa soudain devant eux, sans doute le mystérieux guetteur qui avait dû se faufiler dans l'entrepôt et espionner la scène de la transaction. Worm et son complice approchaient. L'homme s'élança dans la rue et disparut derrière l'angle du bâtiment. L'écho de ses pas retentit dans la nuit.

Contre toute logique, Worm ne chercha pas à le poursuivre.

« Laisse-le filer, ordonna-t-il d'un ton presque réjoui. Retournons au bateau.

— Eh bien... on l'a échappé belle », chuchota Linda en entendant le bruit de leurs pas décroître.

Mais ils n'eurent guère le temps de respirer, et encore moins de faire un geste. L'homme qui s'était enfui revenait en courant. Puis un autre bruit résonna dans le silence de la nuit, un bruit parfaitement insolite à New York et qui donna la chair de poule à Nicholas. C'était le martèlement de sabots de chevaux sur le pavé.

Nicholas voulut d'abord croire qu'il s'agissait de la police montée, mais la troupe était trop nombreuse. Trottant en formation, certains descendaient du pont de Brooklyn, d'autres venaient de la direction opposée. Le guetteur anonyme qui leur avait inconsciemment sauvé la vie en s'enfuyant se trouvait pris au piège entre les deux groupes. Les fers frappaient le ciment. Un souffle glacial pétrifia Nicholas.

Puis il les vit.

Les cavaliers avaient des silhouettes humaines, pourtant ce n'étaient pas des hommes. Vêtus de guenilles, ils montaient des chevaux noirs et s'accrochaient à des rênes effilochées qui ressemblaient à des algues. Chacun tenait une lance tordue à la pointe ébréchée. Des cagoules masquaient leurs visages, laissant juste entrevoir l'horrible lueur orange de leurs yeux et la fumée blanche qui jaillissait de leur bouche. Les yeux des chevaux étincelaient de la même flamme orange. Les bêtes étaient efflanquées, grotesques, leurs côtes saillaient sous la peau comme si l'on avait cousu leurs entrailles dans un sac trop étroit.

Chaque groupe formait un V, pareil à la pointe d'une flèche. Le premier se composait de cinq cavaliers, menés par un homme de tête. Celui-ci s'arrêta

à proximité des tonneaux derrière lesquels Nicholas et Linda s'étaient accroupis, imités par les quatre autres. Nicholas imagina le second groupe posté de l'autre côté et, quelque part au milieu, le mystérieux guetteur pris entre deux feux.

Le chef du premier groupe tourna la tête et Nicholas crut entendre ses os grincer. Pendant un instant terrible, les yeux orange croisèrent les siens. Plus exactement ils le transpercèrent. Une envie folle de hurler et de s'enfuir en courant le saisit. Il sentait les doigts de Linda s'incruster dans son bras, si fort qu'elle lui paralysait la circulation. Son cœur tambourinait dans sa poitrine et, tout à coup, il se rendit compte qu'il avait cessé de respirer et que la tête lui tournait.

Au prix d'un effort surhumain, il parvint à baisser les yeux et à rompre l'horrible contact. Il était temps. Le chef des cavaliers brandit sa lance en guise de signal et l'escadron chargea dans la nuit, derrière l'entrepôt.

Un cri retentit. Un seul.

Ensuite, il fallut plus d'une heure à Nicholas et à Linda pour reprendre leurs esprits et oser quitter leur cachette.

Une heure pendant laquelle ils restèrent immobiles et muets.

13

La gare

« Ils n'étaient pas humains. Qui était-ce, Nick ? Pas des hommes, pas des hommes... », ne cessait de répéter Linda.

Elle était restée éveillée toute la nuit, assise dans le salon, ingurgitant tasse de thé sur tasse de thé, tandis que Nicholas somnolait sur le divan. Ce ne fut qu'aux premières lueurs de l'aube qu'elle parvint à s'endormir, d'un sommeil peuplé de visions cauchemardesques, de chevaux noirs et de lances rouillées.

Il était midi. Assis devant la table, tous deux fuyaient le regard de l'autre. Linda alluma machinalement une cigarette défraîchie, toussa, et l'écrasa dans une soucoupe.

« Que m'arrive-t-il ? Je n'ai pas fumé depuis dix ans ! Qui était-ce, Nick ?

— Les Anciens.

— Quels Anciens ?

— Ceux dont je vous ai déjà parlé. Ils étaient dans mon rêve. »

Linda repoussa sa chaise d'un mouvement brusque et emporta sa tasse vide dans la cuisine. Nicholas l'observait pensivement.

« C'est trop, soupira-t-elle en revenant. J'ai déjà du mal à faire face au trafic d'héroïne, au kidnapping, à la transmission de pensée, au meurtre... Mais si tu ajoutes les rêves et les démons ! C'est complètement insensé, Nick !

— Vous les avez vus, pourtant.

— Une mystification. Ce ne peut être autre chose. Une mauvaise farce ! »

Une grande lassitude envahit Nicholas. Linda semblait soudain le tenir pour responsable des événements de la nuit précédente, comme de tout ce qui s'était passé depuis leur rencontre. Déjà exigu pour deux, l'appartement devenait maintenant étouffant. Leurs efforts n'avaient abouti à rien. Ils ignoraient toujours l'endroit où Jeremy était séquestré et, pire que tout, ils ne possédaient pas le moindre indice qui pût orienter leurs recherches.

Soudain le téléphone sonna. Linda se précipita

pour débrancher le répondeur avant que la bande ne commence à défiler et décrocha.

« Allô ?... Oui... Oh... oui, oui, bien sûr. D'accord... Tout de suite. »

Et elle raccrocha, le visage radieux.

« Qui était-ce ? s'enquit Nicholas.

— Je n'arrive pas à le croire, murmura-t-elle, les yeux écarquillés. Ellen Levine !

— Qui est Ellen Levine ?

— L'un des plus importants agents littéraires de New York. Mon manuscrit lui est tombé entre les mains et elle souhaite m'inviter à déjeuner !

— C'est formidable, Linda. Quand la rencontrez-vous ?

— Elle désire me voir immédiatement. Mais... c'est impossible, ajouta Linda d'une voix soudain éteinte.

— Pourquoi pas ?

— Je ne peux pas sortir d'ici, je...

— Calmez-vous, Linda, dit Nicholas. Vous ne courez aucun danger en plein jour et c'est la chance de votre vie ! Mes problèmes ne doivent pas entraver votre carrière. Allez déjeuner avec Ellen Levine. Cela vous fera le plus grand bien de vous éloigner un peu de moi. Je ne vous apporte que des ennuis.

— Tu as raison, mais en partie seulement. Une petite pause me changera les idées, seulement je tiens absolument à te retrouver ici à mon retour. Ne quitte pas l'appartement, Nick. N'oublie pas que c'est toi qui es en danger, pas moi.

— Je ne bougerai pas d'ici, lui promit Nicholas en souriant. Allez vous préparer.

— Mon Dieu, je dois être horrible à voir ! »

Dix minutes plus tard, Linda quittait l'appartement comme une tornade, vêtue de sa plus jolie robe, son manuscrit sous le bras. Nicholas n'était pas mécontent de se retrouver seul. Il sortit le dossier d'extraits de presse sur les disparitions d'enfants et le feuilleta jusqu'à l'article concernant Martin Hopkins, le garçon qui, selon Linda, vivait maintenant au Pérou.

On y expliquait comment un camion-citerne avait explosé en percutant l'école de Martin, dans le Yorkshire, et comment le jeune garçon, qui avait eu la « vision » de l'accident, avait pu sauver les huit cents élèves de l'établissement et leurs enseignants. En examinant attentivement la photo de Martin jointe à l'article, Nicholas ne douta plus de la réalité de son rêve. Le garçon qui lui était apparu et celui de la photo ne faisaient qu'un.

Le téléphone sonna à nouveau et Nicholas décrocha d'un geste machinal.

« Allô ? Nicholas Helsey ? » demanda une voix de femme qui lui sembla vaguement familière.

Qui donc était au courant de sa présence chez Linda ?

« Qui êtes-vous ? répondit-il d'un ton soupçonneux.

— Evelyn.

— Pardon ?

— Nous nous sommes rencontrés au Radio City. Vous vous en souvenez sûrement. Je suis Evelyn Carnitt.

— Oh... oui, bien sûr.

— J'ai de bonnes nouvelles, Nicholas. J'ai retrouvé votre frère Jeremy.

— Jeremy ? sursauta Nicholas. Où est-il ?

— Je ne peux pas vous le dire au téléphone, c'est trop dangereux. Mais venez avec votre amie Linda me rejoindre tout de suite à la gare Centrale. Je serai devant le restaurant Oyster.

— Linda s'est absentée, répondit Nicholas en maudissant intérieurement l'agent littéraire d'avoir choisi un si mauvais moment pour convoquer son amie. Elle ne rentrera pas avant deux bonnes heures.

— Ce sera trop tard, Nicholas. Tant pis, venez seul... Si tout se passe comme je l'espère, je vous attendrai avec votre frère. Venez vite.

— Mais... comment... »

Cent questions se pressaient aux lèvres de Nicholas. Comment Mme Carnitt avait-elle réussi à retrouver Jeremy ? Pourquoi était-il dangereux d'en parler au téléphone ? Mais Mme Carnitt coupa court.

« Restaurant Oyster, devant la gare Centrale, à une heure. Vous trouverez votre chemin, Nicholas ?

— Je trouverai.

— Alors, soyez là à l'heure. »

Elle raccrocha.

Nicholas jeta un coup d'œil à sa montre : il lui restait tout juste vingt minutes pour se rendre au rendez-vous. Pas le temps de rédiger un message pour Linda. Il lui téléphonerait de la gare. « Je vous attendrai avec votre frère », les mots lui résonnaient encore dans la tête. De façon miraculeuse, sans doute grâce à ses multiples relations, Mme Carnitt s'était arrangée pour retrouver Jeremy. Nicholas attrapa son blouson au vol et quitta précipitamment l'appartement.

Un million de voyageurs transitent chaque jour dans l'immense hall de la gare Centrale de New York. La foule bourdonnante se presse sous le plafond monumental orné de ses deux cents étoiles d'or, avant de s'engouffrer dans les innombrables couloirs qui mènent aux quais. C'est bien davantage qu'une simple gare : l'endroit abrite une soixantaine de boutiques, des restaurants, des échoppes, sans compter la plus grande horloge du monde.

Celle-ci indiquait une heure passée de quelques minutes lorsque Nicholas arriva devant le restaurant Oyster, après s'être égaré dans le labyrinthe de couloirs souterrains. Enfin, il y était. Il s'adossa contre la porte vitrée pour reprendre son souffle. Une arcade surplombait l'entrée du restaurant. À gauche et à droite, deux escaliers descendaient vers les quais. Un flot continu de passagers y défilait. Au-delà de cette arcade, on apercevait un vaste passage d'où partait un autre grand escalier montant vers le hall principal.

Nicholas regarda à nouveau sa montre. Il n'avait que cinq minutes de retard mais il redoutait d'avoir manqué Mme Carnitt et Jeremy. À travers la porte vitrée du restaurant, on distinguait une soixantaine de tables soigneusement dressées. Un maître d'hôtel en veste blanche se tenait derrière la porte, prêt à accueillir les clients. Pour l'instant, la moitié seulement des tables étaient occupées. Aucun signe de Mme Carnitt et de Jeremy.

Tout à coup, Nicholas s'aperçut à quel point cet endroit était mal choisi pour un rendez-vous. Ce détail ne l'avait pas surpris au téléphone (d'ailleurs Mme Carnitt ne lui avait guère laissé le temps de s'en étonner). Pourquoi avait-elle choisi une gare ? Quoi qu'il ait pu arriver à Jeremy, il devait certainement souhaiter autre chose qu'un bain de foule, ou un déjeuner d'huîtres, puisque telle était la spécialité du restaurant. En outre, Mme Carnitt savait que la police recherchait Nicholas. Pourquoi le faire venir, seul, dans un lieu si fréquenté où il courait le risque d'être reconnu ?

La raison, autant que son instinct, commandait à Nicholas de s'enfuir. À l'instant même où il allait s'élancer, un homme sortit du restaurant et buta contre lui.

« Ah ! Te voilà, mon garçon ! » lança-t-il en lui glissant un objet de métal glacé dans la main.

Nicholas baissa machinalement les yeux : ses doigts étaient rouges et poisseux. Lorsqu'il voulut héler l'inconnu, celui-ci avait déjà disparu. Nicholas regarda à nouveau sa main : il tenait un poignard taché de sang.

Au même instant, une femme noire, vieille et obèse, vêtue d'un lourd manteau, apparut en haut de l'escalier et poussa un hurlement.

« Au secours ! Au secours ! À l'aide ! »

Son manteau était lacéré de coups de couteau et couvert de sang.

Nicholas tenait un couteau et sa main était aussi tachée de sang.

Il eut subitement le sentiment d'être pris au piège. Des gens le cernaient, figés en plein mouvement dans des attitudes grotesques. Les clients du restaurant étaient pétrifiés, la bouche ouverte et la fourchette en l'air, tandis que le maître d'hôtel avançait prudemment vers la porte. Dans le grand corridor, la foule silencieuse et accusatrice le regardait fixement. Et la vieille femme continuait de pousser de longs hurlements entrecoupés de sanglots. Elle était tombée à genoux, les mains pressées sur son estomac, la bouche ouverte pour chercher sa respiration. Ses cris résonnaient sous la voûte. Horrifié, Nicholas contempla le couteau qu'il leva devant lui. Les badauds reculèrent, effrayés.

« Mon argent ! hurla la femme. Il a volé mon argent ! Au secours ! »

La foule frémit. Nicholas brandit le couteau et tout le monde se figea. Il comprit alors qu'il venait de commettre la pire des erreurs : désormais, plus personne ne doutait de sa culpabilité.

« Par ici ! cria quelqu'un. Il est là ! »

Nicholas leva la tête. Alertés par le bruit, deux policiers se frayaient un chemin vers l'escalier. Nicholas s'élança sans hésiter dans la direction opposée, au milieu des curieux qui s'écartaient craintivement devant lui.

Il courait à perdre haleine, poursuivi par les cris de la vieille femme qui se mêlaient au brouhaha. Il emprunta un couloir bordé de consignes métalliques. Les gens s'arrêtaient pour lui laisser le passage. Il mit un long moment avant de s'apercevoir qu'il tenait toujours le couteau et le jeta au loin d'un geste rageur.

Dès lors, il ne faisait plus peur à personne. Trois hommes à la forte carrure se campèrent devant lui, les poings serrés. Nicholas leur échappa ; il repéra un escalier sur sa gauche et grimpa les marches quatre à quatre. Sur le palier, il aperçut une rangée de cabines téléphoniques. Il se trouvait à présent au niveau du hall principal, dont il était séparé par une arcade. Dans la foule très dense qui se pressait, il était assez facile de distinguer les uniformes bleus des policiers qui accouraient de tous côtés, probablement alertés par radio par leurs collègues du restaurant. Nicholas s'engouffra dans une cabine téléphonique, non seulement pour s'y cacher, car personne ne songerait probablement à l'y chercher, mais surtout pour appeler Linda.

Dans l'abri provisoire de la cabine, Nicholas fouilla fébrilement dans sa poche pour en sortir un tas de monnaie. Il glissa maladroitement une pièce dans la fente avant de composer le numéro. La sonnerie retentit deux fois, puis il reconnut la voix enregistrée de Linda :

« Allô, vous êtes chez Linda Thorn. Je suis malheureusement absente pour le moment mais vous pouvez me laisser un message sur ce répondeur et je vous rappellerai dès mon retour. »

Nicholas commençait à transpirer. Combien de temps pouvait-on parler sur la cassette ?

« Vous avez trois minutes après le top sonore, précisa la voix de Linda.

— Linda, commença Nicholas d'une voix pressante. Je suis sorti. C'était un piège. Ne vous fiez pas à Evelyn Carnitt, c'est le diable en personne. Elle est derrière toute cette affaire. »

Tout en parlant, Nicholas ne cessait de surveiller le hall. Un policier avait atteint la rangée de cabines et approchait d'un pas lent.

« Une Bible..., reprit-il, le souffle court. Joe Fanelli a cherché à nous mettre sur la voie. Relisez la page qu'on a trouvée dans sa poche. Je sais où Jeremy est enfermé. Je le sais ! Il est sur cette île reliée par le téléphérique qui enjambe East River. C'est là que le bateau de Fulton devait se rendre. Fouillez l'île, Linda, et vous trouverez Jeremy. Mais, surtout, ne faites pas confiance à Mme Carnitt... »

Nicholas dut s'interrompre : le policier arrivait. Il lâcha le combiné et s'enfuit en courant en direction du gigantesque hall principal, où il se sentit soudain tout petit. Les voyageurs se croisaient dans tous les sens pour rejoindre les salles annexes, les couloirs, les passages souterrains, les escaliers, ou encore les escalators qui menaient aux étages supérieurs occupés par la Pan Am, dont l'immeuble se dressait au-dessus de la gare.

Les murs renvoyaient l'écho des milliers de pas et de voix. Nicholas dépassa le guichet central des renseignements. Peu importait la direction, l'essentiel était de se déplacer. À l'autre extrémité, il arriva devant un café dont la terrasse surplombait le hall.

Au-dessus, se trouvait une gigantesque fenêtre, munie de barreaux qui lui évoquèrent ceux de la prison dans laquelle il n'allait pas tarder à échouer. Sur ses mains le sang avait séché. Sans doute avait-il laissé des empreintes sur le téléphone. Il se demanda soudain si la vieille femme noire était morte.

« Le voilà ! » cria une voix anonyme dans la foule.

Nicholas se sentit découvert. Les policiers n'attendaient que ce signal. Ils arrivaient de tous côtés, l'arme au poing. L'un d'eux tira. La balle ricocha sur le sol, à quelques centimètres. Des gens crièrent de terreur. Dans le café, un serveur lâcha le chariot chargé de vaisselle qu'il était en train de pousser, et qui alla culbuter un distributeur de cigarettes dans un fracas de verre brisé.

Une porte s'ouvrait sur le côté du café. Un second serveur tenta de lui bloquer le passage mais perdit l'équilibre et s'écroula sur une table qui s'effondra. Nicholas savait sa situation désespérée mais il tenait à se battre jusqu'au bout.

La porte conduisait à une pièce réservée au service.

« Que faites-vous là ? » lança un homme en uniforme.

Nicholas le dépassa sans s'arrêter et se rua dans un second escalier, bientôt suivi par les policiers.

« Là-haut ! leur cria l'homme. Il a filé par là ! »

Au troisième étage, Nicholas dut faire halte pour

reprendre son souffle. Là, tout était sombre et sale. Il n'y avait aucune issue et plus il montait, moins il avait de chances d'en trouver une. Il le savait. Les pas des policiers résonnaient dans l'escalier, mais sans précipitation car ils le savaient pris au piège.

Nicholas essaya une dernière porte ; elle menait à un passage étroit, entre deux parois vitrées. Le sol aussi était en verre. Il avança lentement, fasciné malgré lui par le spectacle. Tout autour, ce n'était que poutrelles et leviers, assemblés par un réseau de rouages et de chaînes. On se serait cru dans une énorme machinerie.

Un policier apparut au bout de la galerie et mit un genou à terre, en pointant son arme sur Nicholas. Deux de ses collègues l'imitèrent, mais à l'autre extrémité. Personne ne disait mot. Nicholas regarda à travers les vitres sales et comprit où il se trouvait : à l'intérieur d'une fenêtre. Car toutes les fenêtres de la gare se composaient de deux vitrages parallèles, séparés par un étroit couloir. C'était là qu'il était perché. En bas, des gens l'observaient, la tête levée. Non loin de lui, Nicholas reconnut le tableau d'affichage des horaires de trains, près d'un panneau publicitaire lumineux, et l'horloge suspendue au-dessus du guichet d'information qui indiquait une heure vingt-cinq. Une voix grésilla dans les haut-parleurs, annonçant le prochain départ d'un train.

Par-delà cette vitre, c'était un autre monde. Le monde réel, un monde auquel Nicholas n'appartenait plus.

Il se laissa tomber à genoux, les mains plaquées contre la vitre. Cette fois, il ne pouvait courir nulle part.

14

Les Anciens

Linda s'assit dans l'un des fauteuils tapissés de soie du bureau du Radio City. Mme Carnitt la salua, installée derrière sa table, ses mains manucurées bien à plat sur la surface vernie.

« Désolée d'avoir tant tardé à vous recevoir, ma chère, s'excusa-t-elle en souriant. J'étais terriblement occupée. Notre spectacle s'achève bientôt et je dois me consacrer à la prochaine étape de nos... opérations.

— Nicholas est...

— Ah oui ! Le jeune Helsey, soupira Mme Carnitt d'un air attristé. C'est vraiment épouvantable », ajouta-t-elle du ton grave d'un médecin sur le point d'annoncer à son patient qu'il est atteint d'un mal incurable.

Deux jours avaient passé depuis la rencontre de Linda avec l'agent littéraire qui n'avait, bien évidemment, jamais entendu parler d'elle, et encore moins lu son manuscrit. Saisie d'un horrible pressentiment, Linda était précipitamment rentrée chez elle. Son appartement était vide, et la serrure fracturée. Elle avait d'abord cru qu'on avait enlevé Nicholas mais elle n'avait relevé aucune trace de lutte. Perplexe, elle avait alors vérifié le contenu de tous les placards pour s'assurer que rien ne manquait. Si on ne lui avait rien volé, pourquoi s'était-on introduit chez elle ? Et où était parti Nicholas ?

Espérant qu'il ne tarderait pas à rentrer, elle tournait en rond dans l'appartement, écoutant la radio pour tromper son attente. C'est ainsi qu'elle avait appris la nouvelle. Le bulletin d'information signalait une course poursuite dans la gare Centrale, qui s'était terminée par l'arrestation du fameux jumeau télépathe. Et c'est en décrochant son téléphone que Linda avait découvert ce qu'on était venu lui dérober : la bande magnétique du répondeur téléphonique.

« Nicholas a été victime d'un coup monté, madame Carnitt. Quelqu'un m'a attirée dehors et l'a ensuite obligé à sortir. Il a dû me laisser un message sur le répondeur.

— Que disait ce message ?

— Je l'ignore, car on a volé la bande. »

Mme Carnitt s'adossa confortablement sur son siège.

« Je suis navrée, ma chère. Mais... votre jeune ami a sauvagement agressé une femme.

— C'est impossible ! s'écria Linda.

— Il y a plus grave encore. On l'a reconnu coupable de l'assassinat de son oncle, ajouta Mme Carnitt d'un ton qui n'admettait pas la réplique. Il a avoué son crime. Il semble que le jeune Helsey vous ait raconté des fables.

— Je refuse de le croire, riposta farouchement Linda.

— Nicholas a l'esprit dérangé, ma chère. Il est malade. C'est sans doute la raison pour laquelle son frère s'est enfui. Il avait peur de lui. Vous devriez remercier le ciel qu'il ne s'en soit pas pris à vous. »

Linda se leva d'un bond.

« Vous vous trompez complètement, madame Carnitt ! Je vais aller trouver la police et lui raconter que...

— À votre place, je n'en ferais rien », la coupa Mme Carnitt d'une voix dure.

Trop dure... Linda lui jeta un coup d'œil intrigué, et se rappela la méfiance de Nicholas à son égard. Mais le visage de Mme Carnitt s'adoucit aussi soudainement qu'il s'était fermé. Elle se leva, contourna son bureau en souriant d'un air compatissant.

« Croyez-moi, Linda, ce serait une grave erreur de vous impliquer dans cette affaire. En cachant Nicholas chez vous, n'oubliez pas que vous avez enfreint la loi. La police risque de vous inculper pour complicité de meurtre.

— Mais je ne peux pas laisser Nicholas en prison ! protesta la jeune femme.

— Nicholas n'est pas... exactement en prison, ma chère. Dès que j'ai appris la nouvelle de son arrestation, je me suis occupée de son cas. Comme je vous l'ai déjà expliqué, j'exerce une certaine influence sur la police de New York. Ce garçon m'était sympathique et j'ai voulu l'aider. Je me suis donc arrangée pour court-circuiter la procédure habituelle et le faire transférer dans un centre spécialisé. Vous connaissez Roosevelt Island ?

— On m'en a vaguement parlé.

— L'île est occupée par un établissement où sont détenus environ trois cents jeunes délinquants. Au regard de la loi, ce sont des criminels, mais je préfère les considérer comme des brebis égarées. C'est pourquoi mon organisation charitable, la Coupe d'or, a récemment signé un accord avec les autorités judiciaires de l'État, qui nous ont confié la gestion de la prison. En réalité, nous la dirigeons davantage comme un hôpital que comme un centre de détention. Bien entendu, les délinquants sont prisonniers, c'est naturel, mais nous prenons grand soin d'eux. Bref, j'ai obtenu le transfert de Nicholas à Roosevelt Island, conclut Mme Carnitt. Vous n'avez donc aucun souci à vous faire, il est sous ma protection... »

La pièce mesurait exactement dix pas sur six. Nicholas le savait pour l'avoir arpentée de long en large une bonne centaine de fois. Assis sur l'étroite couchette fixée sous la fenêtre grillagée, il se demandait si Jeremy y avait séjourné avant lui. En tout cas, il était certain que son frère se trouvait encore sur l'île, même s'il ne pouvait établir le « contact » avec lui, et son sort l'inquiétait bien davantage que le sien.

Nicholas comprenait bien des choses, désormais. Lors de son premier échange de pensées avec Jeremy, il avait eu la sensation de voler. Voilà pourquoi l'image du téléphérique traversant East River avait frappé son subconscient. Trop éprouvé par les événements du Radio City, il n'en avait pas perçu immédiatement la signification. Maintenant il savait. La page déchirée de la bible retrouvée sur Joe Fanelli constituait le deuxième indice, et il l'avait eu sous son nez depuis le début sans s'en rendre compte. Le fragment lisible mentionnait une coupe d'or, remplie d'horreurs. Or, la Coupe d'or était le nom de l'œuvre charitable de Mme Carnitt, et les horreurs illustraient vraisemblablement la drogue.

À son arrivée sur l'île, M. Banes l'avait piloté dans toutes les installations, avec un sourire satisfait. Il avait pu ainsi mesurer l'ampleur de l'opération menée par Mme Carnitt. Les prisonniers de droit commun du Bloc A, certains âgés de douze ans à peine, étaient traités comme des esclaves et travaillaient à l'imprimerie d'où sortaient des milliers de bibles.

Mais les travailleurs forcés ignoraient la destination des ouvrages qu'ils imprimaient. Chaque nuit, les volumes étaient transportés dans une cave par les gardiens. Là, on creusait dans les pages une cachette secrète. Dans une pièce voisine, d'autres gardes s'affairaient sur une longue table, penchés sur des petits tas de poudre blanche. Ils la pesaient, la triaient, la diluaient, avant de l'empaqueter dans des petits sachets de plastique que d'autres plaçaient à l'intérieur des livres.

Il s'agissait donc d'un fabuleux entrepôt d'héroïne, camouflé derrière la façade d'une prison de délinquants juvéniles.

La cellule de Nicholas se trouvait dans le Bloc A. Pour une raison inconnue, en effet, M. Banes avait ordonné qu'on l'isole du bâtiment où logeaient les « spéciaux », ces enfants dotés de pouvoirs extrasensoriels sur lesquels enquêtait Linda. Néanmoins, Nicholas avait pu entrevoir le Bloc B de l'extérieur et on l'avait renseigné sur le Centre de Traitement. Ce seul mot suffisait à lui glacer le sang. Il soupçonnait ses geôliers d'y détenir Jeremy et se demandait avec effroi ce qu'on lui avait fait subir. Malheureusement toutes les questions qu'il avait posées au sujet de son frère étaient restées sans réponse.

Lorsqu'il fut seul, Nicholas commença à se préoccuper de son propre sort. M. Banes l'avait informé que les installations de l'île fermeraient bientôt, ayant perdu toute utilité pour leurs activités. Il y avait fort à parier que Mme Carnitt ne laisserait derrière elle aucun témoin gênant. Pire : le fait qu'on l'ait isolé des « spéciaux » prouvait qu'on n'avait aucun besoin de lui et qu'on le considérait comme un fardeau inutile dont il fallait se débarrasser.

Son dernier espoir reposait sur le message qu'il avait laissé sur le répondeur téléphonique de Linda avant d'être capturé. La jeune femme pourrait ainsi alerter les autorités et voler à son secours. Les disparitions d'enfants, la page déchirée de la bible, le trafic d'héroïne, la Coupe d'or, tous ces éléments du puzzle ne prenaient leur sens que si on les accolait au nom de Mme Carnitt. D'une façon ou d'une autre, Linda trouverait un moyen de le secourir.

Nicholas espérait seulement qu'elle y parviendrait à temps.

Linda Thorn s'inquiétait terriblement. Dès qu'elle eut quitté Mme Carnitt, une multitude de pensées contradictoires l'assaillirent. Mme Carnitt lui avait promis de lui ménager une rencontre avec Nicholas à la prison, peut-être dans une semaine, peut-être un peu plus, mais sa promesse avait sonné faux. Soudain, tout en cette femme sonnait faux.

L'espace d'un court instant, son masque de cordialité souriante avait glissé. Car ce visage au maquillage parfait, à la coiffure impeccable, était un véritable masque. Linda en était désormais convaincue. Mais que cachait-il ? Elle éprouvait l'étrange impression d'avoir entrevu un squelette sous la peau, et cette vision la hantait.

Mme Carnitt... Elle consacrait son temps aux enfants. Or, des enfants disparaissaient mystérieusement. Et puis... ce centre de réhabilitation de délinquants qu'elle avait mentionné intriguait Linda. Roosevelt Island... Cette île n'était-elle pas justement située en amont du marché au poisson de Fulton ? Au milieu d'East River où l'on avait précisément repêché le corps de Joe Fanelli ? Joe n'avait-il pas été incarcéré dans l'île, lui aussi ? Et la page de la bible découverte dans sa poche fournissait encore un autre lien avec Mme Carnitt, elle qui aimait tant prêcher la bonne parole ! Et de quoi parlaient les versets de cette page ? D'une coupe d'or...

Mme Carnitt ! Désormais, Linda connaissait son ennemi. Mais cette découverte la désemparait. Comment un petit écrivain raté pouvait-il s'attaquer à l'une des femmes les plus puissantes et les plus renommées du pays ? Une femme qui avait dîné à la Maison-Blanche, que la plupart des gouvernements du monde honoraient ! Qui oserait la croire ?

Linda était si absorbée par ses réflexions qu'elle n'entendit pas la voiture ralentir à sa hauteur, le long du trottoir de la 5e Avenue. Soudain, un homme en complet sombre bondit devant elle.

« Mademoiselle Thorn ?

— Oui, que...

— Voulez-vous monter dans la voiture, s'il vous plaît ? »

Linda n'eut pas le temps d'argumenter. L'homme la poussa devant lui sur la banquette arrière et la voiture démarra avant même qu'il ait claqué la portière.

Ce même jour, au milieu de la matinée, deux gardes vinrent chercher Nicholas dans sa cellule. Ils le firent sortir du Bloc A et l'escortèrent jusqu'au bâtiment qui jouxtait le parking et où M. Banes avait son bureau. Sur son passage, plusieurs adolescents l'observèrent avec curiosité, mais aucun n'osa lui adresser la parole.

Evelyn Carnitt l'attendait en compagnie de M. Banes.

Elle portait une robe moulante noire et pourpre, en harmonie avec le maquillage de ses yeux et de sa bouche. M. Banes lui présentait une allumette enflammée ; elle alluma sa cigarette, piquée au bout d'un long fume-cigarette en ivoire. À leur première rencontre, Mme Carnitt s'était efforcée de montrer à Nicholas l'image d'une femme charitable et compatissante. À présent elle lui révélait son véritable visage : celui du démon. Sur un signe de M. Banes, les deux gardes s'éclipsèrent après avoir installé Nicholas sur un fauteuil et lié ses poignets aux accoudoirs. Nicholas ne tenta même pas de résister, préférant garder ses forces pour la suite.

« Le deuxième des Cinq, remarqua pensivement Mme Carnitt.

— Où est Jeremy ? questionna Nicholas. Qu'avez-vous fait de mon frère ?

— Tu ne manques pas de courage, remarqua Mme Carnitt en levant un sourcil. J'admire presque ta pathétique loyauté envers ton frère. Tu vas mourir dans quelques minutes, et tu ne penses qu'à lui !

— Où est-il ? »

Un éclair de colère traversa les yeux noirs de la femme. Prisonnier, sans défense, Nicholas osait encore la défier. Même M. Banes parut impressionné par son audace.

« Sais-tu qui je suis, Nicholas Helsey ?

— Vous faites partie des Anciens, répondit Nicholas en réprimant le frisson que lui inspirait ce nom.

— Je suis leur reine, rectifia Mme Carnitt d'une voix triomphante. Je suis la Reine des Anciens. Tu entends, Nicholas ? La Reine ! Les Anciens servent sous mes ordres, tout comme Jeremy. Ton cher frère n'est plus ici, et il n'est plus ton frère. Jeremy m'appartient », ajouta-t-elle en approchant le bout incandescent de sa cigarette de la joue de Nicholas.

Puis elle écarta lentement sa main en souriant. M. Banes lui tendit vivement un cendrier mais, au lieu d'y tomber, la cendre s'écrasa sur son poignet et lui brûla la peau. M. Banes resta immobile. Mme Carnitt éclata de rire.

« J'adorerais te convertir, Nicholas, faire de toi ma créature. Seulement tu m'as causé suffisamment d'ennuis et tu arrives juste au moment où je m'apprête à récolter les fruits de mon travail. Dans trois jours, une vague destructrice va s'abattre sur toute l'Amérique, une épidémie mortelle à côté de laquelle la peste d'antan fera figure de petit rhume. Dans trois jours, Nicholas... Tu comprends ce que je veux dire ?

— Jeudi ? » murmura Nicholas.

Mme Carnitt esquissa un sourire mais son regard resta impitoyable. Nicholas se força à rester impassible pour ne pas attiser sa colère ni lui donner l'envie d'écraser sa cigarette sur lui plutôt que dans le cendrier.

« Ce sera très précisément le 22 novembre, Nicholas, le Thanksgiving Day, c'est le jour où l'on célèbre l'anniversaire de la naissance de l'Amérique. Cette année, il en marquera la fin », précisa-t-elle avec un geste de la main à l'adresse de M. Banes.

Celui-ci s'empressa de lui avancer une chaise et elle s'assit tout près de Nicholas qui ne put réprimer un frisson. Son visage était étrangement hideux, comme si une opération chirurgicale en avait sculpté les traits, et arbitrairement déterminé l'emplacement du nez, des yeux et de la bouche. Tout était trop précis, trop parfait. Aucun défaut n'altérait la peau trop lisse, et d'une pâleur macabre.

« Au commencement des temps, poursuivit Mme Carnitt, les Anciens dirigeaient le monde. Nous étions les premiers et tout-puissants esprits malfaisants dont l'influence a pesé sur l'histoire de l'humanité. T'es-tu jamais interrogé sur la cause des guerres, Nicholas ? T'es-tu jamais demandé pourquoi la moitié de la planète stocke d'énormes surplus de nourriture tandis que l'autre moitié meurt de faim ? Pourquoi la pollution ravage animaux et végétaux ? Pourquoi les savants inventent des armes capables d'anéantir le globe alors qu'on ne peut guérir un simple rhume de cerveau ? C'est l'œuvre des Anciens, Nicholas. Leurs voix s'élèvent encore, par-delà les millions d'années.

« On nous a obligés à travailler à distance. Avant la naissance de votre soi-disant civilisation, cinq humains se sont dressés contre nous... cinq adolescents. Une bataille terrible s'est engagée. Sans une ruse de leur part, nous aurions gagné cette bataille, mais ils nous ont vaincus. Nous avons été bannis de ce monde et refoulés dans un autre, derrière deux portes mythiques. L'une se trouvait en Angleterre, dans le Yorkshire, la seconde au Pérou. Pendant des siècles, nos disciples ont cherché à ouvrir ces portes pour nous laisser revenir dans ce monde qui nous appartient de droit.

« L'un deux a réussi dans le Yorkshire. La porte s'est entrebâillée l'espace de quelques secondes. Mais les Cinq ont à nouveau repris le combat. Un garçon du nom de Martin Hopkins s'est interposé. Il était seul, il n'avait que treize ans, mais il possédait le pouvoir de nous vaincre. La porte s'est refermée devant les Anciens.

« La seconde fois, il est arrivé au Pérou au moment où l'autre porte allait s'ouvrir, débloquée par une constellation. Un deuxième membre des Cinq l'a aidé et, à eux deux, ils nous ont défiés, ils ont tué l'un de nos disciples et blessé notre roi.

Néanmoins ils n'ont pas eu la force de refermer la porte et les Anciens ont pu revenir.

« Nous travaillons en Europe, en Amérique... dans les principaux continents. Il nous faudra du temps pour rétablir notre puissance et nous y parviendrons quand nous aurons éliminé les Cinq. Pour nous vaincre, ils doivent absolument se réunir tous, et j'ai veillé à ce que ceci n'arrive jamais.

« Est-ce que tu commences à comprendre, Nicholas ? Cette année, j'ai recherché tous les enfants dotés de... pouvoirs particuliers, et je les ai fait amener ici pour les examiner. En mettant la main sur un seul des Cinq, je les anéantis tous et pour toujours. Martin Hopkins et son ami étaient déjà trop forts pour se laisser capturer sans combattre. J'ai donc recherché les trois autres, qui ignoraient encore leur pouvoir. C'est ainsi que j'ai trouvé Jeremy... et toi, Nicholas.

« Désormais, Jeremy m'appartient. Je l'ai converti et il me servira jusqu'à ce que je me lasse de lui, et que je le tue. D'ici là tu seras mort, Nicholas. Ta mort est ici, dans cette pièce.

« Ensuite nous lancerons notre opération. Le monde aspire au mal, mais certains tentent de le combattre. C'est donc à la jeunesse que nous devons nous attaquer en premier, à ses idéaux et à son optimisme. Dans trois jours, nous l'aurons anéantie, Nicholas.

« Au cours des six derniers mois, j'ai amassé d'énormes quantités d'héroïne, plus qu'il n'en a jamais existé dans un seul endroit à la fois. Le stock est ici, sur cette île. Nous en possédons des tonnes, payées avec l'argent récolté par la Coupe d'or. Les riches de ce monde ont alimenté mes caisses ! Des politiciens, des industriels, et tous ceux que la cupidité a ralliés à ma cause. M. Banes t'a fait visiter nos ateliers, n'est-ce pas ? La Coupe d'or a promis une bible à chaque enfant d'Amérique. Or chacune contiendra une énorme quantité de drogue.

« Ne dit-on pas que la religion est l'opium du peuple ? J'ai appliqué cette formule au pied de la lettre. As-tu déjà pu constater ce que les drogues dures provoquent chez les jeunes ? Ils sont asservis, Nicholas, transformés en bêtes. À ton avis, que va-t-il se produire quand, subitement, dans chaque ville et dans chaque rue, se répandra le poison, au dixième de son prix normal ? Ce sera le début du chaos, les jeunes seront à notre merci.

« Le jour de Thanksgiving, une flotte de camions essaimera la drogue à travers le pays. La Coupe d'or nous a servi de merveilleuse couverture. Qui supposerait que nos camions pleins de bibles transportent la mort ? Qui songerait à les fouiller ? Lorsqu'on s'en apercevra, il sera trop tard.

« Pour toi aussi, il est trop tard, mon petit Nicholas. Ton heure est venue. Un seul garçon a tenté de s'évader de l'île. Il s'appelait Joe Fanelli. L'héroïne est un poison qui tue lentement, mais une forte dose agit très rapidement. Personne ne s'est posé de questions lorsqu'on a retrouvé le corps de Joe Fanelli : il n'était qu'un drogué parmi d'autres. Personne ne s'interrogera non plus sur ton cas, Nicholas... Il est temps, monsieur Banes. »

Mme Carnitt écrasa son mégot sur le dossier du fauteuil de Nicholas et se leva. Nicholas tenta de se débattre mais ses poignets étaient trop bien ligotés. M. Banes lui déchira sa manche de chemise et lui serra fortement le bras, juste sous le coude.

Pendant ce temps, Mme Carnitt avait sorti d'un tiroir une seringue. Froidement, d'un geste adroit, elle leva la seringue à la lumière et pressa la pompe jusqu'à ce que jaillissent de l'aiguille quelques gouttes d'un liquide transparent. Nicholas baissa les yeux sur son bras, dont les veines saillaient sous la pression des doigts de M. Banes. Du coin de l'œil il vit Mme Carnitt approcher. Il n'arrivait pas à y croire. Il ne voulait pas y croire.

La pointe de l'aiguille piqua sa peau. Il se débattit furieusement en hurlant, mais M. Banes le tenait solidement.

« Adieu, Nicholas », murmura Mme Carnitt.

Il sentit l'aiguille pénétrer dans sa chair, puis le liquide se répandre dans son sang. Quand l'aiguille s'éloigna, il perçut le rire léger de Mme Carnitt.

Ensuite, tout devint noir.

15

Le premier cercle

« Je suis mort », murmura Nicholas pour lui-même.

Il se découvrit allongé sur une plate-forme rocheuse, au pied d'une montagne, et s'assit. Pourtant il ne se sentait pas mort. À part l'engourdissement de son corps et la douleur aiguë qui lui traversait le bras, il était plutôt alerte. Il portait les mêmes vêtements que sur l'île. Sous sa manche de chemise déchirée, dans le creux du bras, il remarqua un petit trou d'aiguille avec une goutte de sang séché. Cela suffit à lui rappeler ce qu'on lui avait fait. Mais que lui avait-on fait, au juste ?

Mme Carnitt lui avait injecté assez d'héroïne pour le tuer sur le coup. Logiquement il devait donc être mort. Dans ce cas, où avait-il atterri ? En Enfer ou au Paradis ? Le paysage qui l'entourait ne ressemblait à rien de familier.

En contrebas, la pente descendait jusqu'à la berge d'un lac, dont l'eau bleue était d'une pureté irréelle. Toutes les couleurs, d'ailleurs, étaient irréelles. Un ruban rose vif cerclait l'horizon, avant de se dissoudre dans un bleu turquoise qui se transformait en bleu sombre. Les nuages semblaient plus argentés que blancs. Au loin, de l'autre côté du lac, un volcan jaillissait vers le ciel, en crachant une fumée noire. La lave en fusion roulait vers la vallée.

D'étranges plantes poussaient dans la pièce d'eau. Les feuilles, d'un vert intense, se découpaient en formes fantastiques. Certaines rampaient sur le sable de la berge, d'autres, à demi immergées dans l'eau, jetaient leurs tiges vers la terre comme de longs doigts tâtonnants.

Il y eut un clapotis à la surface du lac. Nicholas aperçut une curieuse créature qui étendait ses quatre pattes palmées et battait l'eau pour atteindre la rive. L'animal avait le corps, les écailles et les nageoires d'un poisson, la tête rugueuse d'un lézard, les yeux fixes et luisants d'un serpent. Deux de ses congénères apparurent derrière lui. Nicholas cligna des yeux. Où diable se trouvait-il ? Et qu'allait-il arriver ?

Un palpitement dans l'air le fit sursauter. Le

soleil... mais était-ce bien le soleil, cette énorme boule de feu dont on voyait jaillir des flammes ? Une volée d'oiseaux passa. Eux aussi ressemblaient vaguement à des sauriens, le corps très étiré, un cou interminable et des pattes aux serres crochues plaquées en arrière. Leur plumage était orange et bleu, leurs yeux d'un vert étincelant. Sans être expert, Nicholas savait fort bien que cette espèce d'oiseaux n'existait pas dans le monde qu'il connaissait.

Une épouvantable pensée lui vint soudain à l'esprit. Un jour, il avait lu que la drogue causait des hallucinations – c'était d'ailleurs ce qui poussait les gens à en absorber. Tout ceci n'était peut-être qu'une hallucination ? Dans ce cas, était-il déjà mort, ou... ?

Un mouvement derrière lui fit faire volte-face et il se retrouva face à un vieil homme vêtu de haillons, appuyé sur un bâton. Il devait être aveugle car une cataracte blanche voilait ses yeux. La souffrance creusait son visage hagard. Ses hardes flottaient sur son corps émacié et l'une de ses jambes était coupée au niveau du genou.

« Aie pitié, jeune homme, murmura-t-il d'une voix chevrotante. Aie pitié d'un pauvre vieillard, victime des Anciens.

— Les Anciens ?

— Ils m'ont ôté la vue. Dis-moi, mon garçon... tu sembles bon. Tu ne ferais pas de mal à un vieil homme, n'est-ce pas ? Tu n'es pas un serviteur des Anciens ?

— Non... Non !

— Dans ce cas... tu dois mourir. »

Ce qui se produisit alors fut si soudain, si inattendu, que Nicholas n'ébaucha même pas un geste, persuadé qu'il rêvait. L'image du mendiant se troubla comme un reflet dans l'eau, les haillons disparurent, les yeux blancs virèrent au rouge, le cou se redressa, la tête se gonfla. Et tout à coup, le vagabond s'effaça pour laisser place à un soldat, très grand, sanglé dans une armure argentée. Son corps était celui d'un homme gigantesque, avec une tête de monstre, une mâchoire allongée de crocodile. Une langue fourchue jaillit entre les dents, luisante d'une salive épaisse. La créature respirait bruyamment par des narines creusées dans la bosse rugueuse qui lui ornait le front. Le bâton du mendiant s'était transformé en une lance de fer, incrustée de piquants rouillés.

« Tu dois mourir », répéta-t-il dans un souffle rauque.

Il bondit tel un crapaud. Sa langue jaillit, écumante de salive, et la lance s'éleva, ses piquants griffant l'air. Nicholas recula. Il devait rêver ! Ce ne pouvait être autre chose qu'un rêve ! Pourtant il devinait qu'il ne se réveillerait jamais s'il laissait la créature approcher.

Celle-ci atterrit, fit volte-face, et brandit à nouveau sa lance. Les piquants de fer déchirèrent la chemise de Nicholas et lui griffèrent la peau. Nicholas porta la main à sa blessure et vit le sang couler. Un sang qui semblait bien réel. La créature éclata de rire. Son rire ressemblait à un curieux gargouillement. Elle secouait la tête, les yeux luisants, puis leva sa lance à deux mains pour l'utiliser comme un bélier et avança très lentement. Nicholas voulut reculer mais trébucha sur une pierre et s'écroula à terre. Un instant après, la créature le dominait de toute sa hauteur, sa silhouette se découpant sur le soleil.

« Mourir... mourir... mourir... mourir... »

Soudain, elle interrompit ses psalmodies pour pousser un cri perçant, comme jamais Nicholas n'en avait entendu auparavant. Une flèche venait de lui transpercer le cou de part en part, faisant jaillir un sang noir qui éclaboussa Nicholas. Elle lâcha sa lance, battit l'air de ses bras, tituba un instant sur ses jambes, la bouche ouverte pour chercher son souffle, puis s'effondra d'un bloc dans un nuage de poussière.

Nicholas se redressa prestement. Un peu en amont, un garçon réarmait son arc d'une seconde flèche pour le cas où la première n'aurait pas suffi. Mais c'était inutile : son trait avait porté un coup mortel, en pleine gorge. Nicholas essuya le sang noir qui lui coulait sur le visage en regardant son sauveur dévaler la pente à sa rencontre.

C'était un garçon de son âge, brun, de type hispanique, vêtu d'un pantalon de cuir brun et d'une tunique nouée à la taille. Il examina Nicholas avec un mélange d'incrédulité et de plaisir, et rangea sa flèche dans le carquois qu'il portait sur l'épaule.

« Nicholas ?

— Tu me connais ?

— Je te connais... sans te connaître.

— Qui es-tu ?

— Je m'appelle Pedro, répondit le garçon en décochant un coup de pied dans le flanc de la créature pour s'assurer qu'elle était bien morte.

— Qui est-ce ? Ou plutôt... qui était-ce ? questionna Nicholas.

— Un mutant. Martin m'a envoyé vers toi. Il savait où tu étais.

— Martin ? Alors... tu es l'un des Cinq ? »

Pedro poussa un soupir attristé.

« Les Cinq... Nous étions cinq, en effet, mais...

— Où sommes-nous Pedro ? Que se passe-t-il, ici ?

— C'est difficile à expliquer. Viens, nous parlerons en route. Le temps presse. »

Nicholas le suivit. Le sentier zigzaguait sur le flanc de la montagne. La pente était si abrupte, au début, qu'ils durent s'aider de leurs mains pour l'escalader. Le sol était nu, aride, rocailleux. Des chardons poussaient par endroits, d'un vert très sombre et tacheté de minuscules fleurs blanches.

« Surtout n'y touche pas, recommanda Pedro. Ils piquent. »

Enfin la pente s'adoucit. Devant eux, entre deux pics, on distinguait un étroit passage. Nicholas supposa qu'ils allaient s'y engager et s'interrogeait sur ce qu'il découvrirait sur l'autre versant. Ils firent halte pour reprendre leur souffle et Pedro lui tendit la gourde accrochée à sa ceinture.

« Bois, Nicholas.

— Qu'est-ce que c'est ?

— Seulement de l'eau, mais c'est bon. »

Ça l'était, en effet, et très frais malgré la température. Après s'être désaltéré, Nicholas rendit sa gourde à Pedro qui se contenta de boire une seule gorgée.

« En route, Nicholas. Nous discuterons en marchant. Certaines choses m'échappent mais... écoute-moi. Nous combattons les Anciens depuis un an. Nous avons parcouru le monde pour nous regrouper ici, car le seul moyen de vaincre nos ennemis est de les affronter ensemble, tous les Cinq réunis. Les Anciens étaient forts, ils gouvernaient. Rien ne les arrêtait. Toutefois, ils ne pouvaient trouver de repos tant que nous, les Cinq, étions en vie. Martin, notre chef, est arrivé le premier. Ensuite moi, puis les jumeaux, Jeremy et Nicholas...

— Jeremy est ici ? sursauta Nicholas.

— Laisse-moi finir de t'expliquer. Will nous a rejoints le dernier. La fin approchait, les ténèbres allaient tout recouvrir. En joignant nos forces, nous ne formions plus qu'un. Il était prévu de nous rassembler dans une plaine, où nous devions livrer l'ultime bataille, une fois le cercle formé.

— Et alors ?

— À la dernière minute, les Anciens ont frappé. Leur situation était désespérée. Ils devaient absolument nous séparer, tu comprends ? Tuer l'un de nous suffisait à briser le cercle. Et ils ont réussi.

— Comment ?

— En capturant l'un d'entre nous. Il a combattu vaillamment, aidé de quelques soldats, mais il a succombé sous le nombre. Les Anciens ont lancé toutes leurs forces contre lui. Le combat a duré six heures. Quand nous l'avons rejoint, il était trop tard. Il était mort, le corps horriblement mutilé. J'espère seulement que sa fin a été rapide. Il était mon ami. Depuis, nous portons son deuil, ainsi que le deuil du monde. Ces événements se sont passés hier, Nicholas, au crépuscule.

— Lequel des Cinq a été tué, Pedro ? »

Pedro s'arrêta et se tourna vers lui.

« C'était toi. »

Nicholas se figea et s'écarta brusquement lorsque Pedro voulut lui toucher l'épaule. Il frissonnait, totalement désemparé.

« Moi ? Mais je ne comprends pas, je...

— Tu ne te souviens pas ?

— Non. Tu te trompes. Je n'appartiens pas à ce monde. Hier encore, j'étais à New York.

— Je ne connais pas cet endroit, répondit Pedro en secouant la tête. Ce matin, Martin m'a indiqué l'endroit où je te trouverais et m'a demandé de t'amener à lui. Je ne comprenais pas, et pourtant c'est bien toi que j'ai trouvé... et vivant. C'est... »

Pedro s'interrompit. Nicholas le devinait à bout de forces, mais il y avait autre chose. Pedro était désorienté. Une chose extraordinaire s'était produite qui lui échappait. Finalement, il sembla se ressaisir et redressa la tête.

« Viens, Nicholas, le temps presse. Nous devons rejoindre Martin au plus vite. »

Arrivés à la passe, ils s'arrêtèrent un instant et Nicholas découvrit, de l'autre côté, un panorama qu'il n'oublierait jamais. Entouré de montagnes, un vaste plateau s'étendait devant lui. Les massifs étaient couverts d'arbres, de palmiers tropicaux, de fougères, mais l'aire centrale était plate et nue comme une gigantesque arène. Le soleil brillait à l'exacte verticale de cette arène, dardant ses rayons sur le sable qui ondoyait sous la brise.

Sur la droite, on discernait une oasis, sorte de bassin circulaire rempli d'une eau cristalline et cerné par une végétation luxuriante. Là, on avait planté plusieurs tentes blanches, devant l'entrée desquelles flottaient des étendards blancs marqués d'un pentagramme bleu : une étoile à cinq branches inscrite dans un cercle.

À cette distance, il était difficile de préciser le nombre exact de personnes mais le campement bourdonnait d'activité. On sellait de petits chevaux (du moins des animaux qui ressemblaient à des chevaux), des gens circulaient en tous sens, collectaient des armes, se rangeaient en formations. Nicholas entrevit un éclair argenté lorsque la lumière du soleil accrocha la lame d'une épée. D'autres personnes, peut-être des femmes, étaient agenouillées devant l'oasis pour remplir des gourdes. Une silhouette solitaire marchait au milieu des soldats, s'arrêtant par instants pour échanger quelques mots. Cette silhouette était celle d'un adolescent.

« Martin ? questionna Nicholas.

— Oui, c'est lui, répondit Pedro. Regarde là-bas. »

Nicholas discerna une étrange masse sombre au pied de la montagne, une forme obscure qu'il avait remarquée auparavant et prise pour une zone d'ombre. Il plissa les yeux pour l'examiner plus attentivement : ce qu'il découvrit lui coupa le souffle.

Cette masse apparemment informe n'était autre qu'une armée innombrable. L'armée des Anciens. Contre les cinq cents soldats de Martin, il y en avait là-bas cinq mille qui s'organisaient en formations distinctes. En tête venaient les fantassins, armés de haches et de javelots, puis les mutants, avec leur tête de lézard et leurs lances serties de pics. Ensuite, les cavaliers, dont Nicholas reconnaissait les étranges silhouettes pour les avoir aperçues au marché de Fulton, drapées dans leurs haillons hideux, les yeux orange luisant derrière leur capuche. Les trois escadrons formaient une ligne qui s'étirait sur plus d'un kilomètre. À eux seuls, ils semblaient pouvoir réduire à néant leurs ennemis en quelques minutes, pourtant ils ne composaient que l'avant-garde.

Derrière eux venaient les animaux. Vision incroyable ! Une araignée de la taille d'une maison avançait en se dandinant sur ses huit pattes velues, portant ses sacs de poison sur le ventre. Un singe, haut de trente mètres, bondissait sur le sol, sa queue pilonnant le sable avec le mouvement saccadé d'un jouet mécanique. Nicholas le vit éclater d'un rire horrible et terrifiant.

Puis un oiseau s'éleva au-dessus de la montagne. Un oiseau d'une taille monstrueuse, dont les ailes loqueteuses battaient si lentement que Nicholas se demanda comment il parvenait à voler. Mais il oublia bien vite l'oiseau en comprenant que ce qu'il avait pris pour une montagne était en réalité un être vivant, qui s'animait soudain.

Le Roi des Anciens.

Nicholas ferma les yeux, effrayé. Cette chose qui se levait était d'une noirceur impénétrable. Ses yeux luisaient comme du charbon incandescent, ses bras ressemblaient à des bras humains, mais se terminaient par de longs doigts palmés et des ongles grands comme des cimeterres, sa bouche s'étirait dans un rictus vorace sous son bec crochu, des piquants lui couvraient le corps, et une couronne surmontait ses deux cornes. Ce fut tout ce que Nicholas put enregistrer : la vision dépassait les limites de ce qu'un esprit pouvait tolérer.

Les deux armées se faisaient face, de chaque côté du plateau désertique. Pendant une longue minute, tout parut se figer.

« La bataille va commencer, annonça Pedro. Tiens-toi prêt, Nicholas.

— À quoi ?

— À courir. »

L'attaque fut lancée, à une incroyable vitesse. Nicholas n'en crut pas ses yeux. Il s'était attendu à voir l'armée noire traverser le plateau pour fondre sur la troupe de Martin et la massacrer. Or, ce fut l'inverse qui se produisit : la mouche attaqua le tigre.

Trois cavaliers blancs s'élancèrent, chacun brandissant un étendard marqué du pentagramme. Un frisson parcourut Nicholas. De son poste, il ne pouvait les distinguer nettement mais supposait que celui du milieu était Martin, probablement escorté de Jeremy et de Will. Une centaine de cavaliers s'élancèrent à leur suite, sur deux lignes, précédant l'infanterie et les archers qui marchaient au pas, leurs armes dressées.

De l'autre côté du plateau, s'éleva une rumeur qui s'amplifia jusqu'à éclater dans une sorte de rugissement assourdissant. L'armée des Anciens riait, sûre de sa victoire. De toute évidence, Martin et ses fidèles couraient au suicide.

Ils avaient déjà parcouru la moitié du chemin. Les cavaliers passèrent progressivement du petit galop à un train plus rapide. Les Anciens les attendaient, emplissant l'air de leurs horribles cris de joie. Puis, tout à coup, les trois cavaliers de tête tournèrent la bride pour galoper vers la passe où se tenaient Nicholas et Pedro.

En apercevant les deux nouveaux venus, le Roi des Anciens poussa un mugissement qui stoppa net le rire de ses soldats et résonna à des milles à la ronde. Nicholas se rappela alors les paroles d'Evelyn Carnitt : « Une grande bataille s'est engagée, une bataille que nous aurions dû gagner, mais que nous avons perdu à cause d'une ruse. »

Il comprit soudain qu'il assistait à cette bataille et qu'il participait à cette ruse.

« Maintenant ! » cria Pedro.

D'un seul mouvement, ils dévalèrent la pente à la rencontre des trois cavaliers. L'armée des Anciens passa alors à l'attaque, dans un bruit de tonnerre, fondant sur le flanc gauche des soldats blancs. En un éclair, Nicholas comprit l'intelligence du stratagème de Martin. Ses forces s'étaient regroupées pour former un barrage entre eux et les Anciens. Les archers mirent un genou à terre et, en un instant, le ciel se remplit d'une pluie de flèches. L'avant-garde de fantassins et de mutants s'effondra, l'amoncellement de leurs cadavres formant un nouvel obstacle pour ceux qui les suivaient.

Malgré cela, l'issue du combat restait hasardeuse car Martin et ses deux amis se trouvaient encore à une centaine de mètres de Pedro et Nicholas, et à cent autres mètres devant l'armée des Anciens. Quelques pas à peine pour les animaux géants.

L'oiseau fut le premier à les atteindre. À l'appel de son maître, il s'était élevé dans les airs et fondait maintenant sur sa proie. Nicholas reconnut Jeremy juste au moment où celui-ci se retournait pour l'affronter. Sans cesser de galoper, il banda son arc et tira. La flèche alla se planter tout droit dans l'œil de l'oiseau qui se cabra brutalement avant de tomber à pic et de s'écraser sur l'araignée.

Restait le singe, qui prit son élan pour sauter par-dessus les deux armées et atterrit entre les cavaliers et Pedro et Nicholas. Pedro réagit le premier. Sans même ralentir sa course, il contourna l'une des pattes du singe pour passer derrière lui. Nicholas, lui, stoppa net. Une ombre gigantesque s'étendit sur sa tête lorsque le singe abaissa la main pour l'écraser comme un vulgaire insecte, mais il bondit à temps sur le côté et la main frappa le sol, soulevant un nuage de poussière. Pendant quelques minutes, il demeura invisible, perdu dans une tempête de sable miniature dont il profita pour se faufiler, au jugé, entre les pattes du monstre.

Un moment, il ne distingua plus que l'armée des Anciens qui submergeait les soldats de Martin et les écrasait impitoyablement, impatiente d'atteindre les Cinq. Tout à coup, une main agrippa son bras et il reconnut Jeremy qui lui souriait, émerveillé. Martin, Pedro et Will les entourèrent et, pendant une seconde inoubliable, ils se regardèrent, heureux et triomphants. Bras entrelacés, ils formèrent le cercle.

Les Cinq étaient réunis.

Désormais, ils étaient invincibles, protégés par un mur invisible des milliers de soldats qui les encerclaient. Les épées retombèrent, impuissantes, les javelots se brisèrent, les ombres noires se démenaient vainement dans une confusion totale. Soudé à Jeremy et Martin, Nicholas sentait un pouvoir immense l'envahir, comme si toute l'énergie du monde l'électrisait. Même s'il avait essayé, il n'aurait pu dénouer ses bras de ceux de ses compagnons. Il avait seulement conscience de quatre visages, tous étrangement semblables, tous imprégnés de la même force.

Ensuite, chose étrange, il eut l'impression que le cercle devenait un carrousel, bien qu'aucun d'eux ne bougeât. C'était le monde qui tournoyait à l'extérieur du cercle, de plus en plus vite. L'armée des Anciens parut se diluer dans un brouillard puis un bruit assourdissant retentit, qui lui fit lever la tête.

Le ciel s'ouvrait, révélant un abîme insondable. Les flammes du soleil avaient explosé, le monde entier brûlait, le vent mugissait autour d'eux, soulevant le sable pour en aveugler leurs ennemis.

Le Roi des Anciens poussa un second hurlement, mais de défaite celui-là, et de désespoir vengeur. Le vent s'apaisa, le sable retomba, et le flux d'énergie qui avait animé les Cinq les quitta. Leurs bras se dénouèrent. Épuisé, Nicholas leva une dernière fois les yeux.

L'abîme était toujours là, un gouffre immense vers lequel était aspirée l'armée des Anciens, réduite à une sorte d'essaim d'insectes. Il y eut un lointain grondement de tonnerre puis le ciel se referma, comme les lèvres d'une blessure. Les Anciens étaient engloutis. Un soleil que Nicholas reconnut comme un vrai soleil se mit à briller, très haut, d'un jaune lumineux.

« C'est fini, remarqua Martin. La victoire est à nous.

— Nicholas... »

Nicholas se tourna vers Jeremy. C'était bien Jeremy, avec ses cheveux clairs, ses yeux bruns. Mais était-ce vraiment lui ? Jeremy était prisonnier à New York, là-bas, dans l'autre monde. Et lui-même était-il Nicholas ? Puisque, à en croire Pedro, Nicholas était mort la veille.

« Je ne comprends pas », murmura-t-il.

Martin s'avança vers lui, un sourire un peu triste aux lèvres.

« Je ne peux te fournir aucune réponse logique, dit-il doucement. Nous ne sommes pas comme les autres hommes, nous sommes... à part. Nous venons de nous réunir ici, et nous nous réunirons encore, dans un futur si éloigné qu'on ne peut en compter les années. Nicholas est mort, Jeremy, ajouta-t-il en se tournant vers son ami. Nicholas devait mourir. C'est uniquement parce qu'ils ont cru le cercle rompu que nous avons pu vaincre les Anciens. Aujourd'hui, nous les avons repoussés hors du monde, au-delà d'une porte, au-delà de la Porte du Diable.

— Si je comprends bien, l'injection de drogue m'a tué ? remarqua Nicholas.

— Non, le détrompa Martin. N'importe quel garçon normal aurait succombé, mais tu n'es pas un garçon ordinaire. La drogue t'a seulement envoyé parmi nous. Le Nicholas qui est mort hier était un autre Nicholas. Et c'est un autre Jeremy qui a maintenant besoin de ton aide. Tu ne vois donc pas ? Le temps et l'espace ne comptent pas pour nous. Qu'importe que nous soyons dans le présent ou le futur. Pedro, Will, Jeremy, toi et moi, nous sommes les Cinq, et nous le resterons toujours. »

Une longue plainte s'élevait sur le plateau. La victoire n'avait pas été remportée sans effusion de sang. Les soldats blancs gisaient sur le champ de bataille, enchevêtrés. Beaucoup étaient morts, plus encore étaient blessés. Les plus valides aidaient leurs compagnons à se traîner vers l'oasis tandis que les femmes accouraient à leur rencontre, apportant eau et pansements.

« Que va-t-il se passer, maintenant ? demanda Nicholas.

— Tu vas retourner dans ton monde pour mener ta propre bataille, lui répondit Martin. Il te faut sauver ton frère. Malheureusement, nous ne pouvons t'aider. »

Martin sortit une dague courte et effilée de sa ceinture et la lui tendit. La poignée blanche portait l'étoile à cinq branches au milieu du cercle.

« Prends, Nicholas. Cette dague appartenait au

Nicholas que nous connaissions. Elle porte le souvenir du sang des Anciens et a le pouvoir de tuer leur Reine. À toi de trouver le courage de l'utiliser.

— Mais... comment vais-je regagner le monde ?

— Nous allons t'y renvoyer. »

Nicholas glissa la dague dans sa poche et se tourna vers Jeremy.

« Je suis désolé, Jeremy. Pour Nicholas, je veux dire...

— Ne le sois pas, sourit le garçon, les yeux emplis de larmes. Maintenant, je comprends. Nicholas ne mourra jamais complètement. Pas tant que tu seras en vie.

— Il est temps », intervint Martin.

Les quatre garçons l'entourèrent.

« Bonne chance, lui murmura Pedro.

— Nous nous retrouverons », promit Martin.

Et Nicholas ferma les yeux.

16

Une impossibilité médicale

Nicholas souffrait le martyre. Ses pieds lui semblaient à des kilomètres de ses genoux, sa tête arrachée de son cou. Il voulut parler mais sa gorge le brûlait. Jamais son estomac ne lui avait paru si vide. Une véritable coquille creuse. Il était étendu sur le dos, les mains reposant de chaque côté, inertes. Un drap et une couverture le couvraient jusqu'au menton. Il en sentait le poids peser sur lui, ainsi que le modelé du matelas dans son dos, et se faisait l'effet d'un sandwich géant.

Il ouvrit les yeux mais les referma aussitôt : deux gros soleils l'aveuglaient. Il les rouvrit, précautionneusement, et les deux soleils se fondirent en un seul avant de prendre la forme d'une ampoule de quarante watts fixée au plafond. Une ombre blanche se pencha au-dessus de lui.

« Bois », dit-elle doucement.

Un gobelet de plastique toucha ses lèvres et Nicholas avala une gorgée. Le jus d'orange glacé lui coula délicieusement sur la langue et il ouvrit avidement la bouche.

« Pas si vite », lui recommanda-t-elle.

Elle le laissa boire la moitié du gobelet, après quoi Nicholas replongea dans le sommeil.

Quand il se réveilla, un peu plus tard dans la soirée, l'environnement lui apparut plus nettement. À la décoration, aux bruits qui parvenaient du couloir, à l'odeur vivace d'antiseptique qui imprégnait l'air, il comprit qu'il se trouvait dans une chambre d'hôpital. À son poignet, il aperçut un bracelet de plastique qui portait son nom. Un bouquet de fleurs et une corbeille de fruits ornaient la table de chevet. L'ombre blanche qui lui avait offert le jus d'orange était une jeune infirmière ; assise près du lit, elle guettait son réveil.

« Comment te sens-tu ? demanda-t-elle en lui prenant le pouls.

— J'ai soif... et faim, murmura-t-il.

— C'est bon signe. Je vais te faire apporter à manger.

— Merci, Jill. »

L'infirmière s'arrêta net et l'observa avec stupeur. Elle ne lui avait pas donné son nom et ne portait aucun macaron sur sa blouse. Alors, comment... ?

Quelques minutes plus tard, une femme de service déposait un plateau devant Nicholas. Il avala goulûment deux verres de jus de fruits mais, malgré son appétit, ne put absorber que quelques bouchées de nourriture. Sa gorge et son estomac étaient encore trop douloureux.

« Où suis-je ?

— Dans un hôpital de Brooklyn, le renseigna l'infirmière.

— À quel endroit, exactement ?

— Juste en face de Manhattan, au bord d'East River.

— Depuis combien de temps ?

— Une trentaine d'heures. Tu as subi un lavage d'estomac, hier. Voilà pourquoi tu dois te sentir un peu à vif, à l'intérieur : les parois sont écorchées. Par ailleurs, ton pouls est assez rapide. Selon les docteurs, tu es une véritable impossibilité médicale.

— Qu'est-ce que cela signifie ?

— Que tu devrais être mort », sourit l'infirmière.

À cet instant, la porte de la chambre s'ouvrit devant Linda et un homme qui portait un bouquet de fleurs et une corbeille de fruits. Dans sa chemise blanche et son pantalon de velours, Nicholas mit quelques instants avant de reconnaître l'agent spécial du F.B.I. Bob Young.

Linda s'assit sur le bord du lit et prit la main de Nicholas entre les siennes.

« Mon Dieu, Nick, j'étais tellement inquiète ! Comment te sens-tu ?

— Bien, merci.

— Je... je t'ai apporté des fleurs, mais je vois que Linda m'a devancé, remarqua Bob Young. Prenez-les, mademoiselle, ajouta-t-il à l'adresse de l'infirmière. Je vous les offre. En échange, accordez-moi une demi-heure d'entretien privé avec ce garçon.

— Dix minutes, transigea la jeune femme. Pas une de plus. »

Elle glissa un regard perplexe vers Nicholas puis s'éclipsa discrètement.

« Quand je pense à ce qu'ils t'ont fait, ça me rend malade, soupira Linda en lui pressant la main.

— Que m'ont-ils fait, exactement ?

— Ils t'ont tout simplement injecté assez d'héroïne pour tuer un cheval, grommela Bob Young en approchant une chaise. Tu permets que je m'assoie, Nicholas ? J'imagine que tu ne me portes pas dans ton cœur mais je veux t'aider.

— L'héroïne..., murmura Nicholas.

— Une dose mortelle, renchérit Bob. Je ne comprends pas comment tu y as survécu. Ils t'ont abandonné dans une ruelle de Harlem où un policier t'a heureusement découvert à temps. Il t'a aussitôt fait transporter aux urgences. Tu étais dans le coma depuis vingt-quatre heures et tout le monde te croyait perdu. »

Très doucement, Nicholas retira sa main de celle de Linda. Elle le serrait si fort que sa peau portait l'empreinte de ses doigts. Maintenant, il comprenait les tourments qu'elle avait endurés depuis sa disparition. L'épreuve avait dû être pénible.

« Où t'ont-ils emmené, Nick ? questionna-t-elle. Mme Carnitt a fait allusion à une sorte de prison, sur Roosevelt Island.

— C'était là, en effet. »

Succinctement, Nicholas leur décrivit ce qu'il avait vu sur l'île : les deux blocs pénitentiaires, l'imprimerie, l'atelier d'héroïne. Ni Linda ni Bob ne l'interrompit. Ils étaient livides. Qu'un endroit semblable pût exister dans le monde était déjà inimaginable, mais en plein cœur de New York, cela dépassait l'entendement.

« Que s'est-il passé, pendant mon absence ? s'informa finalement Nicholas.

— La convocation de l'agent littéraire était, bien entendu, un coup monté, soupira Linda. À mon retour, tu avais disparu.

— Vous avez trouvé mon message ?

— Non. Quelqu'un s'était introduit dans mon appartement pour voler la cassette du répondeur.

Ensuite, je me suis rendue chez Mme Carnitt dans l'espoir d'obtenir son aide. C'est dans son bureau que j'ai tout compris. C'est elle qui t'a appelé et attiré à la gare ? n'est-ce pas ?

— Oui, c'est elle.

— Je ne savais plus quoi faire. En sortant du Radio City, alors que je rentrais chez moi, deux hommes m'ont accostée et fait monter dans leur voiture. J'étais terrorisée, je t'assure. Je les croyais envoyés par Mme Carnitt. En réalité, il s'agissait des agents de Bob.

— Lors de notre première rencontre, au World Trade Center, je ne t'ai pas cru, intervint l'agent du F.B.I. J'en suis sincèrement désolé, Nicholas. Toutefois, tes explications ont éveillé en moi assez de doutes pour que j'envoie un de mes hommes enquêter au marché de Fulton.

— C'était donc lui, le mystérieux guetteur ?

— Ils l'ont tué, grogna Bob. Et moi qui étais en train d'épingler deux jeunes drogués pendant que vous trois... Quel idiot j'ai été ! J'aurais dû prendre ton histoire au sérieux. Je suis responsable de tout ce gâchis », conclut Bob Young avant de s'enfermer dans un silence songeur.

Nicholas se redressa sur son lit. Il se sentait encore faible mais ses forces revenaient peu à peu. Pourtant, un curieux changement s'était produit en lui, comme si une part de lui-même était morte. Au cours des dernières trente-six heures, il avait perdu quelque chose et il savait qu'il ne serait désormais plus tout à fait le même.

« En tout cas, il reste un mystère, remarqua Linda.

— Lequel ?

— Personne, pas même les médecins, ne comprend comment tu as survécu à l'injection massive d'héroïne. Il n'existe aucune explication.

— Si, il pourrait y en avoir une. Vous ne me croirez probablement pas mais...

— Nous t'écoutons, l'encouragea Bob.

— Très bien... L'héroïne aurait tué n'importe qui, mais je ne suis pas une personne ordinaire. La drogue a produit un curieux effet sur moi. Vous dites que je suis resté longtemps dans le coma et, d'une certaine façon, je suppose que je l'étais. Mais... parallèlement, l'héroïne m'a fait remonter dans le passé... jusqu'au commencement des temps. »

Nicholas parla pendant cinq bonnes minutes. Soit parce que les fleurs de Bob l'avaient amadouée, soit parce qu'elle avait d'autres occupations, l'infirmière les laissa tranquilles. D'une voix douce, inexpressive, Nicholas parla de Pedro, de Martin, du mutant, de la grande bataille. Il décrivit la formation du premier cercle des Cinq et le bannissement des Anciens.

« C'était un stratagème, expliqua-t-il. Le premier Nicholas, celui qui vivait alors, avait été tué. On m'a donc fait venir pour le remplacer et, une fois la victoire remportée, on m'a renvoyé ici pour achever ce que j'avais commencé. »

Un silence pesant s'installa.

« *C'était une hallucination*, lut-il dans la pensée de l'agent du F.B.I.

— Non, ce n'était pas une hallucination, monsieur Young.

— Appelle-moi Bob.

— Ce n'était pas une hallucination, Bob.

— D'accord, tu lis dans mes pensées », admit ce dernier avec un sourire moqueur.

Mais Nicholas n'avait pas envie de plaisanter.

« Oui, je lis dans les pensées. Je l'ai toujours fait mais, auparavant, cela me coûtait un effort de concentration. Maintenant, cela fonctionne naturellement.

— Pas si vite, jeune homme. J'ai eu tort de ne pas te croire au sujet de l'héroïne, d'accord. Cependant la drogue est une réalité, un fait concret. Mais la transmission de pensée ! Les démons et la magie noire ! Cela n'appartient pas au monde réel, Nick. Tu as tout simplement été victime d'hallucinations. C'est terminé, maintenant. Tu dois oublier.

— Vous ne me croyez pas capable de lire dans les pensées, n'est-ce pas ?

— Désolé, non.

— Dans ce cas, comment saurais-je que vous êtes venu ici dans un coupé bleu ? Que le nom de votre agent tué à Fulton était Philip Smith ? Que l'infirmière se prénomme Jill ? Comment saurais-je que deux hommes montent la garde dans le couloir ? L'un s'appelle Baker et vous ne l'aimez guère. Expliquez-moi comment j'aurais pu deviner que vous avez mangé un hamburger avec Linda avant de me rendre visite ? »

Nicholas se renversa contre son oreiller, épuisé.

« De toute façon, peu importe votre opinion, Bob, poursuivit-il d'une voix lasse. L'essentiel est que vous connaissiez les agissements de Mme Carnitt. Il vous suffit maintenant de déclencher une rafle sur Roosevelt Island pour récupérer les stocks de drogue et retrouver Jeremy.

— Malheureusement... ce n'est pas aussi simple, soupira Bob d'une voix blanche.

— Pourquoi ?

— À cause des lois, des procédures. Mme Carnitt est toujours une femme influente. Je crois toute ton histoire, Nick, mais je suis le seul. Tu pourrais faire une démonstration de tes talents devant le Président lui-même que cela n'avancerait à rien. Ce que j'essaie de te faire comprendre, c'est que... les démarches vont prendre du temps. Nous devons obtenir un mandat de perquisition. Il faudra quelques jours, peut-être une semaine.

— Mais nous ne disposons pas d'une semaine ! protesta Nicholas. Ils comptent distribuer la drogue le jour de Thanksgiving. Pour Jeremy aussi cela risque d'être trop tard !

— Impossible d'investir l'île sans mandat, Nick.

— Alors tout est perdu », murmura Nicholas en détournant la tête.

Il avait terriblement envie de dormir, maintenant. Linda échangea un coup d'œil avec Bob et tous deux se levèrent. Mais, au moment d'atteindre la porte, la jeune femme se retourna.

« Je sais que tu n'as pas été victime d'une hallucination, Nick. Je le sais depuis le début. Il y a une chose que je dois te montrer, ajouta-t-elle en revenant vers le lit pour ouvrir le tiroir de la table de chevet. Lorsqu'on t'a retrouvé dans Harlem, tu serrais quelque chose dans ta main, si fort qu'on a eu beaucoup de difficultés à te l'enlever. Regarde, Nick... Cela pourrait t'être utile. »

Linda s'approcha et Nicholas reconnut le poignard à manche blanc, orné du pentagramme, que Martin lui avait offert.

17

Expédition clandestine

Au grand étonnement des infirmières et malgré la réaction offusquée de son médecin, Nicholas quitta l'hôpital dès le lendemain matin, grâce à l'intervention de Bob Young. L'agent spécial avait utilisé les services du F.B.I. pour protéger Nicholas pendant son séjour à l'hôpital et pour faciliter sa sortie. Aucun renseignement sur ses aventures n'était parvenu jusqu'à la presse et son nom avait même disparu du fichier central de la police. Les poursuites dont il faisait l'objet pour l'assassinat de Don White étaient officiellement abandonnées.

La procédure pour obtenir l'ouverture d'une enquête sur Roosevelt Island était engagée, mais sa lenteur préoccupait Nicholas. Comme Bob le lui avait expliqué, ils ne pouvaient opposer que sa parole à celle de Mme Carnitt. Et quel poids représentait la parole d'un adolescent démuni contre celle d'une femme de la haute société new-yorkaise ? Un excentrique contre la bienfaitrice d'une puissante œuvre charitable ?

Bob avait travaillé toute la nuit, rassemblé des dossiers, collecté des informations, mais sans parvenir à réunir des preuves suffisantes. Il se présenta chez Linda en fin d'après-midi, pas rasé, les yeux rouges, et se laissa lourdement tomber dans un fauteuil tandis que Linda lui servait une bière.

« Tu lis dans mes pensées, Nick ? ironisa-t-il tristement.

— Ce n'est même pas la peine.

— Tu as raison. C'est sans espoir. Personne ne me croit, personne ne veut me croire. Mme Carnitt a trop d'amis haut placés. Si elle tombe, d'autres personnages importants tomberont avec elle.

— Pour quelle raison ? s'enquit Linda.

— Supposons que tu sois politicien ou dirigeant d'une grande entreprise. Tu as réuni un million de dollars pour l'offrir à la Coupe d'or et quelqu'un vient te raconter que ton argent a servi à acheter de la drogue. Ton avenir s'en trouve compromis, tu ne crois pas ?

— Alors que va-t-on faire ? soupira Nicholas. Demain, il sera trop tard.

— Il nous reste à tenter une expédition clandestine, répondit Bob en ouvrant sa mallette.

— Clandestine ?

— Secrète, sans autorisation, et donc illégale. Je vais m'infiltrer sur l'île, expliqua-t-il en dépliant deux grandes feuilles de papier.

— Comment ? s'étonna Linda.

— Bonne question. L'accès sud de Roosevelt Island est surveillé comme une prison de haute sécurité. C'est-à-dire avec des miradors, des gardes armés, etc. Voici un plan dessiné d'après les renseignements dont nous disposons. Je ne peux évidemment pas emprunter le téléphérique car tous les visiteurs sont contrôlés et on ne me laisserait pas franchir la porte.

— Et par bateau ? suggéra Linda.

— Impossible. Les miradors surveillent les trois côtés de l'île. Même sans la pleine lune de ce soir, ils me repéreraient de loin.

— Quel est ce petit signe, marqué sur le plan ? s'enquit Nicholas.

— Ça, mon ami, c'est le seul accès possible. Regarde ce plan détaillé du métro de New York. Comme tu peux le remarquer, toutes les lignes circulent verticalement, du nord au sud, à l'exception de celle qui dessert le faubourg de Queens, vers l'est. Elle passe juste sous Roosevelt Island et il existe une issue de secours qui émerge dans l'enceinte de la prison.

— Elle est certainement fermée, objecta Linda.

— C'est exact, mais je me suis arrangé avec la direction du métro pour obtenir la clef. Cette nuit, je vais emprunter le tunnel de la ligne de Queens à pied.

— Comment comptez-vous opérer, une fois sur place ? questionna Nicholas en étudiant alternativement les deux plans.

— D'abord, je m'efforcerai de localiser ton frère. Je resterai en contact radio avec mes hommes et, en cas d'urgence, je pourrai les appeler en renfort. C'est contre le règlement mais, si quelqu'un me tire dessus, la moitié du F.B.I. viendra à mon secours. J'aurai tout le temps d'en assumer les conséquences par la suite.

— Si je comprends bien, tu veux forcer les gardes à tirer ? s'alarma Linda.

— Exactement. C'est le meilleur prétexte pour appeler mes hommes.

— Quand projetez-vous d'y aller ?

— Ce soir, à minuit, Nick.

— Je vous accompagne.

— C'est hors de question, tu...

— Je vous accompagne, répéta Nicholas. Vous ne saurez pas où chercher Jeremy et on risque de le tuer avant l'arrivée des renforts. Moi, je peux le trouver. S'il est toujours sur l'île, je le sentirai.

— Peut-être, mais...

— J'ai un autre argument, Bob. Mon pouvoir. Cela ne me plaît pas particulièrement mais il s'est accru au cours des derniers jours. Je me sens plus fort qu'avant. Je peux et je dois vous aider.

— D'accord, soupira Bob. Nous serons deux.

— Trois ! intervint Linda.

— Mais...

— Je viens aussi, Bob.

— Pourquoi ?

— Parce que Nick est mon ami.

— Cela ne se discute pas, appuya Nicholas en souriant.

— Décidément, je ne suis pas de taille, contre vous deux, se lamenta Bob en se levant. Bien, je vais dormir un peu et je vous conseille d'en faire autant. Nous partirons d'ici à minuit. »

La rame de métro ressemblait à un étrange monstre primitif qui rugissait dans le tunnel au milieu d'éclairs aveuglants. Plaqué contre la paroi, Nicholas perçut seulement le grincement des roues sur les rails et les graffiti qui défilaient devant ses yeux. Puis le métro disparut après une courbe et ils se retrouvèrent à nouveau seuls, plongés dans une profonde obscurité que perçaient, çà et là, quelques ampoules poussiéreuses.

« En avant, chuchota Bob en pointant devant lui sa torche électrique. Surtout, ne quittez pas le troisième rail des yeux.

— Le troisième rail, répéta Linda en écho. Le troisième rail... »

La jeune femme avait à peine prononcé quelques mots depuis que Bob l'avait prévenue qu'il lui suffisait d'effleurer ce fameux troisième rail pour que le courant électrique la transforme en grillade.

Le métro de New York, intra-muros et banlieue, s'étire sur plus de mille kilomètres. Bob, Linda et Nicholas suivaient l'une des lignes les plus longues, jonchée de flaques sombres et de détritus. Nicholas écrasa par mégarde un emballage de hamburger qui éclata avec un bruit de tonnerre dans le silence du tunnel. Comment cet emballage avait atterri ici restait une énigme.

Ils atteignirent bientôt une échelle de fer qui s'élevait à la verticale dans un conduit cylindrique. Bob consulta son plan puis éteignit sa torche.

« Nous y sommes, annonça-t-il à voix basse. Je passe le premier. Tu me suivras, Nick. Mais attends mon signal pour sortir à l'air libre. »

Nicholas, sur les pas de Bob, aperçut bientôt la lune filtrer à travers la grille qui bloquait la sortie, une sorte de couvercle de la taille d'une plaque d'égout, munie de deux verrous et d'un lourd cadenas que Bob ouvrit. Ce dernier souleva doucement la trappe grillagée pour se faufiler au-dehors. Quelques minutes après, Nicholas perçut son signal et le rejoignit, aussitôt suivi par Linda. Curieusement, il faisait plus froid à la surface que sous terre. Même la lumière de la lune semblait glaciale, aussi glaciale que le vent qui s'engouffrait dans East River.

Il n'y avait personne en vue mais, alors qu'ils cherchaient à s'orienter, le faisceau d'un projecteur balaya la cour, à quelques pas d'eux. Ils se plaquèrent contre le muret de briques qui entourait la trappe, en retenant leur souffle. Puis le faisceau s'éloigna, momentanément brisé par l'angle du bâtiment qui abritait les « spéciaux ». Restait la lune, pleine et haute, qui brillait dans un ciel sans nuages. Pourquoi la nuit était-elle justement si claire ?

« Nick, chuchota Bob. Crois-tu que Jeremy soit là ? »

Nicholas ferma les yeux pour se concentrer. Après tout, Mme Carnitt avait pu lui mentir en prétendant que Jeremy avait quitté l'île. Brusquement, il éprouva une sensation étrange. Au lieu d'émettre de l'énergie, comme il en avait coutume pour ce type d'expérience, il en recevait, et le signal ne provenait pas de Jeremy.

« Non, je ne sens pas la présence de Jeremy, murmura-t-il.

— Tant pis. Où est le bloc principal ? »

Nicholas lui désigna du doigt le parking où stationnaient une demi-douzaine de voitures, sous les lucarnes du Bloc A. Aucune lumière ne filtrait derrière les fenêtres de la prison. Le quartier des gardes, près duquel ils avaient émergé, était lui aussi plongé dans l'obscurité et le silence. L'île était endormie, pourtant quelqu'un veillait. Une silhouette se profilait en haut du mirador, et il y avait toujours le faisceau du projecteur qui ne cessait d'arpenter les pelouses.

« Et la drogue ? chuchota Bob.

— Dans la cave, M. Banes m'y a fait pénétrer par une porte de côté.

— Bien. Vous deux, restez ici. »

Bob avait abandonné sa torche dans le tunnel mais il avait son revolver et l'émetteur radio accroché à sa ceinture. Il leur adressa un vague sourire puis, courbé en deux, s'élança vers le parking, sans faire de bruit grâce à ses semelles de caoutchouc.

« Que faisons-nous ? s'enquit Linda à voix basse.

— Rien, nous attendons.

— Et maintenant ? »

Deux gardes venaient d'apparaître et descendaient lentement l'allée dans leur direction. Le gravier crissait sous leurs pas. Nicholas et Linda se tapirent derrière le muret. Une pierre roula sous le pied de Linda et les deux gardes s'immobilisèrent, alertés. Il y eut un léger cliquetis lorsqu'ils armèrent leurs automatiques. Lentement, d'un pas assuré, ils se dirigèrent droit sur la trappe de sortie du métro, l'arme au poing.

Linda étouffa un juron. Nicholas sortit le poignard de Martin de sa ceinture.

Ce fut juste à ce moment que les alarmes se déchaînèrent. Les sirènes hurlaient de toutes parts, dans un vacarme assourdissant. Le quartier des gardes s'illumina et des hommes à demi vêtus surgirent dans la nuit. Les projecteurs s'agitaient frénétiquement, balayant l'enceinte de la prison dans tous les sens. Un coup de feu claqua du côté du Bloc A, là où devait se trouver Bob.

Mais Linda et Nicholas n'eurent pas le temps de s'inquiéter pour lui car les deux gardes venaient de les repérer et les mettaient en joue. De toute évidence, ils n'avaient pas l'intention de leur poser des questions. Des fouineurs s'étaient introduits sur l'île, donc les fouineurs devaient mourir. C'était aussi simple que cela. Et, à supposer qu'ils ratent leur cible (ce qui était improbable à cette distance), le projecteur épinglait maintenant les deux coupables dans son faisceau comme des papillons. Linda et Nicholas se redressèrent, aveuglés. Soudain, au moment où les gardes s'apprêtaient à tirer, leurs armes leur sautèrent des mains et voltigèrent au loin, comme arrachées par un bras invisible.

Linda jeta un coup d'œil éberlué vers Nicholas. Pourtant il n'avait rien fait. Ce n'était pas lui... Une seconde plus tard, les deux gardes subirent le même sort que leurs armes. Ils furent projetés en l'air, bras et jambes écartés, avant d'aller s'écraser sur le ciment du parking à une centaine de mètres plus loin.

Un grand garçon brun d'environ dix-sept ans surgit devant Linda et Nicholas, guettant leurs réactions comme s'il attendait leurs ordres. D'autres adolescents apparurent derrière lui, tous vêtus de l'uniforme bleu des « spéciaux », avec leur numéro inscrit sur la poche de leur chemise.

Ils restèrent silencieux une longue minute, alors que les sirènes continuaient de hurler. Un éclair troua brusquement la pénombre. Nicholas fit volte-face et aperçut la mitrailleuse du mirador qui tirait dans leur direction. C'était incroyable. Des étincelles jaillissaient du canon mais aucune balle ne les atteignait. Linda lui agrippa le bras, les yeux emplis de peur et d'incrédulité.

Nicholas, lui, venait subitement de comprendre. Il avait d'abord cru que Bob s'était fait capturer, que c'était sa découverte qui avait déclenché l'alarme. Or les choses ne s'étaient pas déroulées ainsi. Un fait extraordinaire s'était produit. Non seulement son pouvoir s'était accru, mais il avait atteint des proportions considérables. Il était devenu une sorte de révélateur qui avait subitement réveillé les dons endormis des soixante-dix « spéciaux » de l'île. Tout à coup, ils se transformaient en une véritable armée. Nicholas leur avait transmis sa force, décuplé leurs pouvoirs. D'où l'impression étrange qu'il avait éprouvée en se concentrant pour communiquer avec Jeremy. Au lieu de son frère, c'est eux qu'il avait atteints. Électrisés, ils avaient brisé leurs barreaux et déclenché le signal d'alarme. À présent, ils attendaient ses ordres.

« Comment t'appelles-tu ? demanda-t-il au grand garçon brun.

— Paul. J'ai assisté à l'arrivée de ton frère.

— Jeremy n'est plus sur l'île, n'est-ce pas ?

— Non, ils l'ont emmené. »

Nicholas jeta un regard las autour de lui. Le premier moment de panique passé, les gardes commençaient à s'organiser.

« Éliminez-les », commanda Nicholas.

Un garçon aux cheveux si blonds qu'ils paraissaient blancs leva la tête vers le mirador où la mitrailleuse continuait de crépiter inutilement. Il ne fit rien d'autre que regarder, pourtant, une seconde plus tard, le mirador tout entier explosa en une boule de feu qui projeta des ombres rougeoyantes d'un bout à l'autre de l'île. Dans le même temps, le groupe d'enfants s'éparpilla vers les différents bâtiments. Trois gardes tentèrent de s'interposer. Une

fillette se tourna simplement vers eux, et les trois hommes s'écroulèrent. Morts.

« Allons-y, Linda, lança Nicholas.

— Où ?

— Mieux vaut retrouver Bob. »

Ils s'élancèrent à travers les pelouses, alors que l'île semblait se désintégrer autour d'eux. Une à une, les fenêtres du quartier des gardes volaient en éclats, les câbles électriques se tordaient. Une vague d'énergie submergeait l'île, si intense qu'elle détruisait tout sur son passage.

Nicholas entraîna Linda sur le Chemin de la Potence en direction du Bloc A. De ce côté, les choses étaient plus calmes. Linda courait derrière lui, jetant de temps en temps un coup d'œil vers les ravages qu'ils causaient à leur passage. Le Bloc B était en feu, les pieds du dernier mirador s'affaissaient lentement et, sur la plate-forme, un garde gesticulait désespérément. Soudain, une silhouette émergea du quartier des gardes et se lança à la poursuite de Nicholas.

Ce n'était pas un garde, mais un homme grand et mince, vêtu d'un costume sombre, avec des lunettes. Sans l'avoir jamais vu, Linda l'identifia immédiatement comme M. Banes. Elle eut beau crier pour alerter Nicholas, le vacarme étouffa sa voix. Nicholas fut pris par surprise. D'un geste habile, M. Banes lança un filin qui s'enroula comme un lasso autour de son cou et le rejeta brutalement en arrière. Nicholas tenta de se débattre mais l'homme resserrait déjà le nœud coulant qui mordait dans sa chair.

Par chance, Nicholas eut quand même le réflexe de glisser trois doigts entre le filin et sa gorge. Mais, malgré ses efforts, le garrot l'étranglait lentement. M. Banes tirait de toutes ses forces, un horrible rictus aux lèvres.

Linda bondit sur lui et entreprit de lui marteler la tête de ses poings serrés, sans qu'il parût s'en soucier. Elle s'accrocha à ses cheveux et frissonna de dégoût en voyant les mèches grises lui rester dans les mains. Dans quelques secondes il serait trop tard. Nicholas avait le visage tout blanc et les yeux exorbités, et M. Banes continuait de serrer.

Linda remarqua alors le volumineux sonotone. Elle arracha l'appareil sans toucher au long fil noir qui le reliait à l'oreille, poussa la molette du volume au maximum, et dirigea le micro vers la sirène accrochée à un poteau, juste au-dessus d'eux.

Le sifflement, amplifié vingt fois, se répercuta dans le cerveau de M. Banes avec une puissance intolérable. Nicholas sentit le nœud coulant se relâcher autour de sa gorge. La bouche de M. Banes s'ouvrit comme pour lancer un ultime cri d'agonie. La peau de son visage parut se dilater et son regard s'éteindre derrière ses lunettes. Puis son corps s'affaissa lentement sur le côté.

Peu après les sirènes se turent.

« Nick... Tu vas bien ? » s'inquiéta Linda en s'agenouillant près de lui.

Il avait du mal à reprendre sa respiration et massait sa gorge endolorie.

« Eh bien... », murmura-t-il d'une voix sourde en examinant le corps inerte de M. Banes.

Sans le vacarme des sirènes, on entendait maintenant d'autres bruits. Crépitement de flammes, éclatement de bois, coups de feu, hurlements effrayés de gardes qui succombaient sous une force qu'ils ne pouvaient contrôler. Quelqu'un descendit en courant l'allée dans leur direction. Linda ne fit pas un geste, trop épuisée pour réagir.

« Que faites-vous là, tous les deux ? lança Bob Young. Que se passe-t-il ? Nick ! Tu vas bien ?

— Ça va, répondit Nicholas en s'appuyant sur Linda pour se relever. Vous avez trouvé la drogue ?

— Juste avant de me faire repérer. Mais enfin, que se passe-t-il ? Expliquez-moi !

— L'île va cesser toute activité », répondit Nicholas en souriant.

C'était peu dire. Les flammes dévoraient le Bloc A et les prisonniers se ruaient vers le téléphérique. À l'extrémité de l'île, un formidable grondement s'élevait. En dressant la tête, Linda vit jaillir une lumière blanche. Puis la terre se mit à trembler sous leurs pieds.

Ils suivirent le Chemin de la Potence jusqu'au bout de l'allée mais ne découvrirent, à la place du Centre de Traitement, qu'un immense cratère autour duquel étaient rassemblés les « spéciaux » du Bloc B. Le Centre de Traitement n'existait plus. Dans le fond du cratère, vibrait une brillante lumière blanche, et une fumée s'en élevait en ondoyant. Il ne restait pas une brique, pas même un morceau de bois. Le Centre était à jamais rayé de la surface de la terre.

Bientôt, un grondement leur fit lever la tête. C'était un hélicoptère qui survolait le sinistre. Il décrivit un cercle au-dessus de l'île puis descendit lentement, ses grandes hélices projetant un tourbillon de poussière. Les renforts de Bob arrivaient.

« Où vas-tu, Nick ? » s'étonna Bob en le voyant s'éloigner à grands pas.

Nicholas se retourna vers lui, sa silhouette se découpant sur le brasier qui grondait au loin.

« Chercher Jeremy », répondit-il simplement.

18
Jeremy et Nicholas

New York. Quatrième jeudi de novembre, jour de Thanksgiving.

La fête avait commencé comme à l'habitude, par une grande procession descendant Broadway. Malgré le froid, des milliers de personnes étaient massées le long du parcours, tandis que des millions d'autres suivaient le spectacle devant leur poste de télévision. Il y avait des drapeaux, des vivats, de la musique et des rires.

Le défilé semblait sans fin. Des chars multicolores roulaient lentement, escortés de cow-boys à cheval, de clowns juchés sur des chenilles en carton bouilli, de fanfares, de danseurs. Et, comme toujours, le ciel était rempli d'énormes ballons en forme de têtes, maintenus au bout de longs câbles. Snoopy, Superman, Kermit, Donald Duck et bien d'autres ondulaient entre les gratte-ciel.

À l'écart de Broadway, tout était inanimé, comme si la population s'était miraculeusement évaporée. Nicholas descendait la 5e Avenue déserte. Il avait laissé Bob et Linda s'occuper des « spéciaux ». L'agent du F.B.I. devait également régler le problème des énormes stocks d'héroïne découverts dans les caves du Bloc A. Bien emballée dans ses petits sachets de plastique cachés dans les cavités des livres, la drogue était prête à être distribuée. Les tests avaient révélé que l'héroïne était pure à cent pour cent, ce qui aurait causé d'épouvantables ravages.

Quelques voitures le dépassèrent, leurs passagers étaient visiblement ravis de rouler sur l'avenue déserte. Des retardataires se pressaient dans les rues transversales pour rejoindre Broadway. Le ciel était clair et lumineux, à peine troublé par quelques nuages poudreux. Nicholas marchait d'un pas assuré. Il savait où il allait. Il savait où trouver Jeremy.

La Citadelle d'argent.

Son architecture avait éveillé quelque chose en lui, dès le premier jour, mais il en comprenait seulement la signification. L'étroitesse des niveaux inférieurs, la saillie, puis le large cylindre surmonté d'une flèche étincelante... C'était Evelyn Carnitt qui l'avait conçue, bien sûr. Elle possédait un sens de l'humour suffisamment macabre pour donner à un immeuble la forme d'une seringue hypodermique !

La Citadelle se dressait devant Nicholas, immobile et silencieuse. Bureaux, magasins, restaurants, tout était fermé. Il fit halte sur le trottoir opposé. De la fumée filtrait d'une plaque d'égout, au milieu de la chaussée. Le feu rouge destiné aux piétons se mit à clignoter : ne pas traverser, ne pas traverser, ne pas traverser... Était-ce un signal d'alarme ?

Nicholas traversa la rue. Avant même qu'il ait franchi le faisceau de l'œil électronique, la porte glissa silencieusement.

Il était attendu.

L'espace d'une fraction de seconde, il éprouva l'envie folle de tourner les talons et de s'enfuir en courant. Le hall était plongé dans la pénombre. Rien ne bougeait. Les arbres qui ornaient le patio semblaient étrangement décolorés, la fontaine était sans vie. Nicholas serra les poings et quitta la lumière du jour pour s'enfoncer dans l'obscurité. Aussitôt, les portes se refermèrent dans son dos avec un léger chuintement. Il traversa l'entrée, dépassa le piano, et franchit la cour intérieure en évitant de regarder les panneaux de verre qui couvraient les murs. Ils s'étaient transformés en miroirs sans tain et quelqu'un l'observait. Il crut même apercevoir la forme d'une main se plaquer contre le verre. Il faisait froid. Nicholas avait l'impression de pénétrer dans un réfrigérateur géant.

Il s'arrêta au milieu du patio et leva la tête. Quelque chose venait d'attirer son attention. Il crut d'abord qu'on avait tendu un filet entre les escalators qui montaient vers les étages supérieurs et qu'un objet y était tombé. Puis il frissonna : le filet était une gigantesque toile d'araignée et la forme prise au milieu était Albert Worm. Son corps ressemblait maintenant à un tas de muscles inerte et informe d'où s'échappait un bras. Ainsi, Mme Carnitt l'avait éliminé. Avait-il commis une erreur de trop ?

La porte de l'ascenseur express s'ouvrit avec un bruit sec. En y entrant, Nicholas savait qu'il mettait le pied dans un piège, mais il n'avait pas le choix. La cabine pouvait le hisser jusqu'en haut pour retomber ensuite avec lui comme une pierre. Ou bien il pouvait y rester emprisonné tandis que des flammes dévoraient l'ascenseur. Non. Mme Carnitt l'attendait. Elle tenait donc à le voir. Ensuite, probablement, elle tenterait de le tuer.

La cabine s'éleva toute seule. Là encore, les miroirs étaient devenus transparents et Nicholas découvrit un spectacle inimaginable, semblable à celui de son rêve et de sa rencontre avec Martin. De l'autre côté d'une mer ténébreuse, il distinguait les silhouettes fantomatiques des Anciens qui l'observaient s'élever au-dessus d'eux. Il avait l'impression de quitter l'enfer à bord d'une fusée et poussa un soupir de soulagement quand l'ascenseur s'immobilisa.

Un couloir menait à une unique porte. La brume blanche de novembre, qui s'était engouffrée avec lui dans la Citadelle et s'était curieusement attachée à ses pas, s'échappa en ondulant de l'ascenseur. Deux statues de panthères noires encadraient la porte. Du moins avaient-elles l'apparence de statues car, à son approche, elles se dressèrent en grognant doucement. Une patte griffa l'air. La porte s'ouvrit.

Evelyn Carnitt se dressait devant une fenêtre qui ressemblait à un écran de cinéma et découvrait un vaste panorama de New York. Nicholas était arrivé en début de matinée, or la ville était maintenant plongée dans l'obscurité. Fidèle à son habitude, Mme Carnitt était entièrement vêtue de noir, que seul rehaussait l'or de ses bijoux. Elle ne fit aucun mouvement mais ses lèvres esquissèrent un sourire cruel.

« Nicholas Helsey, siffla-t-elle entre ses dents. Je t'attendais. »

Nicholas resta muet, pétrifié par son regard implacable.

« Je croyais pourtant t'avoir tué, poursuivit

Mme Carnitt. Mais il est plus difficile que je le croyais d'éliminer l'un des Cinq. Tu as réussi à anéantir une formidable opération et à retarder la prise de pouvoir par les Anciens. Cependant, c'est tout ce que tu as gagné, Nicholas. Un répit, rien d'autre.

— Je suis venu chercher Jeremy.

— Vraiment ! s'exclama-t-elle d'un ton sardonique. Jeremy t'attend. Je lui ai promis ta visite. Retourne-toi, Nicholas, et constate par toi-même le pouvoir des Anciens. »

Nicholas vit une ombre se déplacer dans un coin sombre de la pièce. Jeremy. Mais était-ce vraiment lui ? Son apparence avait changé : il avait maigri et ses cheveux étaient coupés très court. À l'image d'Evelyn Carnitt, il était vêtu de noir et observait Nicholas d'un regard haineux, impitoyable, presque inhumain.

« Jeremy ?

— Tu m'as abandonné, grinça-t-il d'une voix bizarre. Tu m'as trahi.

— Non, c'est faux ! »

Mais Nicholas comprit qu'il était inutile d'argumenter. Son frère, ou plutôt la créature qu'il était devenu, ne l'écouterait pas. Il porta la main à sa ceinture et se retourna vers Mme Carnitt. Elle remarqua la dague au manche blanc orné du pentagramme et chancela un court instant.

« Tu as remonté le temps », murmura-t-elle.

À présent elle devinait comment les Cinq avaient pu vaincre les Anciens. Une ruse... et une ruse d'autant plus humiliante que c'était elle qui l'avait rendue possible.

Elle se ressaisit et leva brusquement la main. Ce fut comme si un fouet invisible frappait le poignet de Nicholas. Le poignard s'échappa de sa main et tomba aux pieds de Jeremy qui le ramassa.

« Pensais-tu réellement pouvoir me tuer ? ricana Mme Carnitt. Seul, tu as autant de force qu'un moucheron ! Tu m'as causé bien des ennuis, Nicholas Helsey. Worm n'aurait pas dû manquer l'occasion qu'il avait de te supprimer. Il a payé pour sa faute. À présent, c'est ton tour. Tu cherchais ton frère, n'est-ce pas ? Eh bien, tu l'as trouvé. Mais, comme je l'ai converti, il est devenu mon esclave. En le trouvant, c'est la mort que tu as trouvée. »

Jeremy avança d'un pas, le poignard à la main. Il marchait comme un automate, le regard vide, sans émotion.

« Jeremy ! cria Nicholas. Tu peux la vaincre ! Écoute-moi. »

Jeremy exprima tout juste un vague agacement et continua d'avancer en brandissant le poignard.

« Jeremy ! »

Si les mots ne pouvaient l'atteindre, la pensée y parviendrait peut-être.

« *Jeremy !* répéta mentalement Nicholas en se concentrant plus intensément qu'il ne l'avait jamais fait. *C'est moi, Nicholas, ton frère.*

— Tue-le ! » hurlait Mme Carnitt.

Nicholas fit un nouvel effort et, soudain, leurs deux esprits se fondirent et il découvrit toutes les souffrances endurées par Jeremy.

Il vit le Centre de Traitement, sentit les lanières de cuir lui lacérer les poignets, reconnut le visage de M. Banes, cligna des paupières devant la lumière orange qui lui brûlait la rétine, se convulsa sous la décharge électrique que communiquaient à son cerveau de longs fils noirs, ondulant comme des serpents.

« Nicholas t'a trahi ! Nicholas te hait ! reprit Mme Carnitt d'une voix insidieuse.

— *Non, Jeremy*, protesta mentalement Nicholas. *Je te cherchais. Ils t'ont menti.* »

Une nouvelle décharge électrique lui parcourut le corps. À l'extrême limite de sa « vision », un point vert traversa un écran de contrôle, témoin du rythme cardiaque de Jeremy. Puis il perçut le chuchotement inaudible de Mme Carnitt, et le bout incandescent de sa cigarette qui se rapprochait. Une autre douleur le submergea. La pièce se mit à tournoyer, comme si elle était aspirée dans un tunnel sans fin. Puis il revint brutalement au Théâtre de la Comédie. Il était sur le mur, les cheveux ébouriffés par le vent, regardant en bas avec un rire moqueur. Il contemplait la scène telle que Jeremy l'avait vue.

« *C'est faux, Jeremy. Cela ne s'est pas passé ainsi. Tu m'as sauvé* »

Nicholas se concentra très fort et l'image se brisa. Le mur, le théâtre, les poursuivants, la scène entière explosa en milliers de fragments, tel un puzzle volant en éclats. Puis tout s'apaisa. Il était dans la loge, juste avant leur fuite. Jeremy qui se retournait vers lui, avant de sortir dans le couloir : « Quoi qu'il arrive, je suis ton frère, Nick, et je le resterai toujours. »

« *Rappelle-toi, Jeremy. Tu es mon frère et tu le resteras toujours. Peu importe ce qu'ils t'ont fait.* »

Cette fois, Jeremy s'arrêta. Mme Carnitt avança d'un pas vers lui, les yeux étincelants, les mains dressées au-dessus de sa tête.

« Tue-le, Jeremy ! ordonna-t-elle. Tue-le tout de suite ! »

Jeremy lança le poignard. Celui-ci décrivit un large cercle autour de la pièce avant d'aller se ficher dans la gorge de Mme Carnitt. Elle ouvrit la bouche pour crier. Du sang jaillit sur ses lèvres. Au même moment, la peau de son visage s'écailla et laissa entrevoir son crâne, ses dents grimaçantes, les trous noirs de ses orbites. Elle recula en battant l'air de ses bras, trébucha, bascula en arrière. Ses épaules heurtèrent l'immense fenêtre dont la vitre vola en éclats. Et Mme Carnitt disparut dans le vide.

« Jeremy, murmura Nicholas en faisant face à son frère.

— Nick... »

Soudain, le sol se mit à trembler sous leurs pieds. Avec sa créatrice, la Citadelle perdait sa raison d'exister. Le plafond se tordit, et le reste de la fenêtre s'effondra. Un grondement s'éleva. Un mur se lézarda, laissant filtrer la lumière extérieure.

« Vite ! » cria Nicholas.

Les deux frères se ruèrent sur la porte. Nicholas se souvint soudain des panthères. Elles les guettaient, prêtes à bondir, pourtant il lui suffit de les fixer pour qu'elles redeviennent statues. Le socle se fissura et elles se désagrégèrent. Au bout du couloir, une paroi s'était déjà écroulée, dévoilant tout un enchevêtrement de câbles et de poutrelles. Nicholas entraîna Jeremy vers la porte ouverte de l'ascenseur mais s'arrêta juste à temps : la cabine n'était plus là. À sa place, des filins arrachés et le circuit électrique se consumaient.

« L'escalier ! »

Derrière eux, le sol se souleva. L'immeuble tout entier tremblait sur ses fondations et semblait sous le choc d'une secousse sismique.

Ils dévalèrent les marches. Plus bas, encore

plus bas. À peine avaient-ils franchi un étage, que l'escalier s'éboulait derrière eux, dans un éclatement de béton et de ferraille tordue. Jeremy trébucha et tenta de se rattraper au mur. Nicholas le tira brutalement en arrière, juste au moment où le mur s'écroulait.

À force de tournoyer sans cesse dans la cage d'escalier, le vertige les saisit. Combien d'étages avaient-ils descendus ? Combien en restait-il ? Et tout le bâtiment qui tanguait, comme un navire perdu dans la tempête. Une fumée âcre imprégnait l'air. Cette fois, le feu embrasait la Citadelle.

Ils atteignirent enfin le rez-de-chaussée. Jeremy voulut s'arrêter pour reprendre son souffle mais Nicholas l'agrippa par le bras pour l'entraîner à travers le grand hall. Le corps de Worm avait disparu, un escalator s'était désintégré et ses marches métalliques dégringolaient sur le marbre dans un concert discordant. Un bras passé autour de Jeremy pour le soutenir, Nicholas avança vers la porte. Le système d'ouverture électronique ne fonctionnait plus mais, heureusement, la vitre se brisa devant eux. Ils se retrouvèrent dans la rue, à la lumière du jour, et s'élancèrent en direction de Central Park.

Une foule de voitures de police et de camions de pompiers affluaient vers les lieux du sinistre, toutes sirènes hurlantes. La Citadelle d'argent se tassa sur elle-même. Une dernière fois, la grande aiguille se tendit vers le ciel, puis l'immeuble entier s'effondra dans un formidable nuage de poussière et de flammes.

19

L'aéroport J. F. K.

« Dernier appel pour les passagers du vol VA 590 à destination de Lima. Veuillez vous présenter à la porte d'embarquement 41. »

Il faisait froid. L'hiver approchait.

« Content de partir, Nick ? questionna Bob Young.

— Oui, enchanté.

— J'aimerais vous accompagner, mais tu as laissé un véritable séisme, derrière toi. Non content de démanteler une importante organisation charitable qui se consacrait en réalité au trafic de drogue, tu as réduit l'un des fleurons de l'architecture new-yorkaise à un tas de gravats ! Un miracle que personne n'ait été tué. Un jour normal, et c'était la catastrophe. J'aimerais vraiment partir avec toi mais...

— Je comprends, Bob.

— Et ton frère, Nick ? » poursuivit Bob à voix basse en l'entraînant à l'écart.

Nicholas jeta un coup d'œil vers Jeremy qui bavardait avec Linda. La jeune femme croulait sous le poids d'un énorme bagage à main.

« Il va mieux. »

C'était vrai. En l'espace de deux semaines, Jeremy était redevenu lui-même, en grande partie grâce aux bons soins de Linda qui l'avait gavé de saucisses, de hamburgers, de frites, de lait, et de tout ce qu'elle avait pu trouver pour lui faire plaisir. À ce régime, Jeremy avait très vite repris du poids. Il riait et dormait assez bien, malgré les cauchemars qui troublaient encore parfois son sommeil et les souvenirs douloureux qui revenaient le hanter.

« Il va mieux », répéta Nicholas en se jurant qu'il serait bientôt tout à fait rétabli.

Martin Hopkins les attendait au Pérou. Tant d'événements s'étaient produits depuis son arrivée à New York avec Jeremy que Nicholas en était venu à douter de l'existence réelle de Martin. Pourtant, l'adolescent se trouvait bien au Pérou, en compagnie de Pedro, un garçon doté de pouvoirs de guérisseur. Pedro saurait veiller sur Jeremy qui finirait par oublier ses pénibles souvenirs.

Ils avancèrent tous les quatre jusqu'à la rampe d'accès de l'avion, où tous les autres passagers étaient déjà installés. Nicholas jeta un dernier coup d'œil vers New York dont les contours se dessinaient au loin. Le ciel était encore clair malgré les nuages qui commençaient à s'amonceler et la nuit qui tombait peu à peu. Il frissonna soudain en songeant à Mme Carnitt.

Nicholas et Jeremy serrèrent chaleureusement la main de Bob.

« À très bientôt, leur promit l'agent du F.B.I. Je vous rejoindrai dès que les choses seront rentrées dans l'ordre. En attendant... prenez soin de vous », ajouta-t-il en embrassant Linda.

Dix minutes plus tard, l'avion décollait. Dès que le signal d'interdiction de fumer s'effaça, une hôtesse apparut en poussant un chariot de boissons fraîches. Jeremy était assis près du hublot, Nicholas près de lui. De l'autre côté de l'allée, Linda sortit de son sac volumineux une machine à écrire portable.

« Que faites-vous ? s'étonna Nicholas.

— Mon roman. Le voyage jusqu'à Lima dure huit heures. Pourquoi perdre du temps ?

— Un autre roman policier ?

— Exactement, sourit la jeune femme. J'ai déjà choisi le titre : *Jour mortel de novembre.* »

L'avion s'inclina sur la gauche et décrivit un large cercle au-dessus de New York avant de mettre le cap au sud, vers le Pérou.

FIN

La suite des aventures des Cinq contre les Anciens dans :

Le jour du dragon

ANTHONY HOROWITZ

Né en 1957, Anthony Horowitz vit depuis plusieurs années à Londres. Auteur de scripts pour la télévision, il a aussi et surtout écrit des romans pleins d'humour pour la jeunesse. Dans le genre du policier comme dans celui du fantastique, ses succès ne se comptent plus. Plusieurs prix sont venus couronner son œuvre, notamment le Prix Polar-Jeunes 1988 pour *Le Faucon Malté*, le Prix européen du Roman pour Enfants 1993 pour *L'île du Crâne* et le Grand Prix des Lecteurs de *Je Bouquine* en 1994, pour *Devine qui vient tuer.*

Retrouvez Anthony Horowitz dans Le Livre de Poche Jeunesse :

Série : Les Frères Diamant

Tome 1. Le Faucon Malté
Anthony Horowitz
Traduit de l'anglais par Annick le Goyat
En échange d'une vraie fortune, Tim Diamant, détective privé, doit garder précieusement un paquet de chocolats maltés : facile mais surprenant ! Mais voilà que pour Tim, les catastrophes s'enchaînent...
11 ans et +
N° 900

Tome 2. L'ennemi public n° 2
Anthony Horowitz
Traduit de l'anglais par Annick le Goyat
À la suite d'un coup monté contre lui, deux policiers de Scotland Yard contraignent Nick à partager la cellule de Johnny Powers, jeune chef de l'un des gangs les plus dangereux de Londres...
11 ans et +
N° 915

Tome 3. Devine qui vient tuer ?
Anthony Horowitz
Traduit de l'anglais par Annick le Goyat
Quand l'agent secret Jack Mac Guffin, poursuivi par une puissante organisation criminelle, fait irruption dans le bureau des frères Diamant : c'est du sérieux...
11 ans et +
N° 799

Série : Les aventures de David Eliot

Tome 1. L'île du Crâne
Anthony Horowitz
Traduit de l'anglais par Annick le Goyat
David Eliot vient d'être renvoyé du collège, ses parents l'envoient alors dans une école bien étrange, sur la sinistre île du crâne... Très vite il soupçonne le pire, mais il est encore loin de la vérité...
11 ans et +
N° 901

Tome 2. Maudit Graal
Anthony Horowitz
Traduit de l'anglais par Annick le Goyat
Sur l'île du Crâne, c'est l'effervescence : le Graal Maudit va être remis au meilleur élève de l'école. David est sûr de remporter le prix, mais rien ne se passe comme prévu et ce qu'il découvre est plus terrible encore...
11 ans et +
N° 902

Série : Les Cinq contre les Anciens

Les portes du diable
Anthony Horowitz
Traduit de l'anglais par Annick le Goyat
Elvira Crow est aussi laide que malveillante... Et c'est dans sa ferme perdue, au fin fond du Yorkshire, que l'Assistance publique a envoyé le jeune Martin Hopkins après la mort tragique de ses parents ; c'est alors que sa vie va tourner au cauchemar.
11 ans et +
N° 916

La nuit du scorpion
Anthony Horowitz
Traduit de l'anglais par Annick le Goyat
Martin Hopkins est convaincu qu'on cherche à le tuer... par l'intermédiaire d'un étrange manuscrit si convoité qu'il provoque la mort de son propriétaire, Martin découvre une énigme dont il trouvera la réponse au Pérou...
11 ans et +
N° 921

La citadelle d'argent
Anthony Horowitz
Traduit de l'anglais par Annick le Goyat
Les jumeaux Helsey sont télépathes. Orphelins, ils sont sous la garde d'un oncle qui les exploite dans son cirque. Mais un jour à New York, Jeremy est enlevé sous les yeux de son frère... Nicholas découvre alors que de nombreux enfants doués de pouvoirs particuliers ont disparu...
11 ans et +
N° 926

Le jour du dragon
Anthony Horowitz
Les Anciens veulent toujours régner sur le monde. Cette fois-ci, ils ont choisi Hong-Kong comme siège de leur machination. Leur mission : attirer les Cinq une nouvelle fois, afin de les anéantir...
11 ans et +
à paraître

Composition JOUVE – 53100 Mayenne
N° 314991p
Imprimé en France par HÉRISSEY - 27000 Évreux
Dépôt imprimeur : 95380 - éditeur n° 38115
32.10.2107.4/02 - ISBN : 2.01.322107.X
Loi n° 49-956 du 16 juillet 1949 sur les publications destinées à la jeunesse
Dépôt légal : septembre 2003